DB42/T 2353—2024

目　次

前言 …… Ⅲ
引言 …… Ⅳ
1 范围 ……………………………………………………………………………………………………… 1
2 规范性引用文件 ………………………………………………………………………………………… 1
3 术语和定义、符号 ……………………………………………………………………………………… 1
　3.1 术语和定义 ………………………………………………………………………………………… 1
　3.2 符号 ………………………………………………………………………………………………… 4
4 基本规定 ………………………………………………………………………………………………… 5
　4.1 一般规定 …………………………………………………………………………………………… 5
　4.2 公路隧道岩溶发育程度等级划分 ………………………………………………………………… 5
　4.3 公路隧道岩溶水文地质复杂程度等级划分 ……………………………………………………… 7
5 勘察阶段及技术要求 …………………………………………………………………………………… 8
　5.1 一般规定 …………………………………………………………………………………………… 8
　5.2 工可水文地质勘察 ………………………………………………………………………………… 8
　5.3 初步水文地质勘察 ………………………………………………………………………………… 9
　5.4 详细水文地质勘察 ………………………………………………………………………………… 11
　5.5 施工水文地质勘察 ………………………………………………………………………………… 12
6 水文地质遥感 …………………………………………………………………………………………… 13
　6.1 一般规定 …………………………………………………………………………………………… 13
　6.2 遥感解译的内容 …………………………………………………………………………………… 14
7 水文地质调绘 …………………………………………………………………………………………… 14
　7.1 一般规定 …………………………………………………………………………………………… 14
　7.2 岩溶调查 …………………………………………………………………………………………… 14
　7.3 岩溶水系统调查 …………………………………………………………………………………… 16
　7.4 岩溶环境问题调查 ………………………………………………………………………………… 16
8 水文地质物探 …………………………………………………………………………………………… 17
　8.1 一般规定 …………………………………………………………………………………………… 17
　8.2 物探外业工作 ……………………………………………………………………………………… 17
　8.3 物探内业工作 ……………………………………………………………………………………… 19
9 水文地质钻探 …………………………………………………………………………………………… 20
　9.1 一般规定 …………………………………………………………………………………………… 20
　9.2 钻探要求 …………………………………………………………………………………………… 20
　9.3 钻探编录 …………………………………………………………………………………………… 20
10 水文地质试验 ………………………………………………………………………………………… 21

Ⅰ

10.1 一般规定 21
10.2 示踪试验 21
10.3 注水试验 22
10.4 抽水试验 23
10.5 压水试验 24
10.6 微水试验 25
10.7 放水试验 26
11 地下水动态监测 26
11.1 一般规定 26
11.2 地下水动态监测方法 26
11.3 地下水动态监测频率 27
11.4 资料整理 27
12 水文地质参数计算 27
12.1 一般规定 27
12.2 渗透系数 27
12.3 给水度和释水系数 28
12.4 降水入渗系数 28
13 岩溶水文地质评价 28
13.1 一般规定 28
13.2 隧道涌水量计算 28
13.3 隧道水压力计算 29
13.4 岩溶危险性评价 30
13.5 岩溶环境影响评价 30
13.6 安全岩盘厚度的计算 31
13.7 岩溶水文地质问题处治 31
14 专项公路隧道岩溶水文地质勘察报告编制 31
14.1 一般规定 31
14.2 文字报告要求 32
14.3 图件、附表及附件要求 32
15 标准实施及评价 33
附录 A（资料性附录） 湖北省岩溶水文地质条件简介 35
附录 B（资料性附录） 岩溶水文地质调查记录表 39
附录 C（资料性附录） 岩溶地貌调查 49
附录 D（资料性附录） 水文地质参数计算 51
附录 E（资料性附录） 公路隧道岩溶涌水量计算方法 59
附录 F（资料性附录） 钻孔注水试验形状系数 A 的取值规定 67
附录 G（资料性附录） 层次分析法评价公路隧道岩溶突水、涌水易发性 69
附录 H（资料性附录） 公路隧道岩溶水文地质问题处治措施 72
附录 I（资料性附录） 湖北省地方标准实施信息及意见反馈表 76
附：条文说明 77

前 言

本文件按照 GB/T 1.1—2020《标准化工作导则 第 1 部分：标准化文件的结构和起草规则》的规定起草。

本文件的某些内容可能涉及专利，发布机构不承担识别专利的责任。

本文件由中南勘察设计院集团有限公司、湖北省神龙地质工程勘察院有限公司提出，由湖北省交通运输厅归口管理。

本文件起草单位：中南勘察设计院集团有限公司、湖北省神龙地质工程勘察院有限公司、中国地质大学（武汉）、中交第二公路勘察设计研究院有限公司、襄阳地质工程勘察院有限责任公司、湖北楚鹏工程勘察设计院有限责任公司、武汉正洪岩土工程有限公司、湖北省水文地质工程地质勘察院有限公司、湖北中南岩土工程有限公司、中交第二航务工程局有限公司。

本文件主要起草人：马郧、王建军、黄琨、徐光黎、万军伟、刘章捷、朱冬林、苏昌、李凌、蔡足根、王泽希、危正平、王琳、徐涛、李松、王银平、闫海涛、毛明军、邹新忠、赵鹏飞、李立锋、李智民、陈律、吴雪婷、田成富、张德乐、毛永强、贾雨霏、孔雨、郑艳、余林、张杨、汪赢。

本文件实施应用中的疑问可咨询湖北省交通运输厅，联系电话：027-83460670，电子邮箱：2651259230@qq.com。在执行过程中如有意见和建议请反馈至中南勘察设计院集团有限公司，地址：湖北省武汉市武昌区中南路 18 号，邮政编码：430071，联系电话：027-87890946，电子邮箱：282437271@qq.com。

引 言

　　岩溶是影响公路工程建设的重大不良地质现象之一，对公路隧道的建设与运营影响尤为突出。目前湖北省对公路隧道岩溶水文地质勘察缺乏针对性的规范，为指导岩溶区公路隧道的勘察工作，统一湖北省公路隧道岩溶水文地质勘察工作的技术标准，保证勘察质量，使公路隧道建设符合安全适用、技术先进、经济合理、保护环境的要求，制定本文件。

　　本文件是在充分研究国内外有关公路隧道岩溶水文地质勘察方面的技术标准和较为成熟的方法技术基础上，经过专题研究，认真总结公路隧道岩溶水文地质勘察实践经验和科研成果后编写而成，并以调研的形式充分征求了湖北省有关单位和专家的意见，经反复修改完善，最后审查定稿。

　　本文件对公路隧道岩溶水文地质条件复杂程度等级划分、勘察阶段及技术要求进行了规定，对水文地质遥感、水文地质调绘、水文地质物探、水文地质钻探、水文地质试验、地下水动态监测、水文地质参数计算、岩溶水文地质评价等技术方法以及专项公路隧道岩溶水文地质勘察报告的编写内容作出了具体规定。

　　本文件内容包括范围、规范性引用文件，术语、定义和符号，基本规定，勘察阶段及技术要求，水文地质遥感，水文地质调绘，水文地质物探，水文地质钻探，水文地质试验，地下水动态监测，水文地质参数计算，岩溶水文地质评价，专项公路隧道岩溶水文地质勘察报告编制共15章，另有附录9个。

　　公路隧道岩溶水文地质勘察应视公路隧道岩溶水文地质条件复杂程度，根据勘察阶段综合确定勘察方法及勘察工作量，提供各阶段岩溶水文地质资料。公路隧道岩溶水文地质勘察应查明隧道区域工程地质与水文地质条件及岩溶发育规律，进行岩溶水文地质评价与复杂等级划分，分段预测可能发生的最大涌水量和正常涌水量，进行隧道水压力计算，评价岩溶危险性，评价隧道工程施工诱发的岩溶环境地质问题，进行安全岩盘厚度计算，提出岩溶水文地质问题的工程处治措施建议。

　　公路隧道岩溶水文地质勘察工作应运用综合勘探和综合分析的方法，鼓励采用新理论、新技术、新方法。

公路隧道岩溶水文地质勘察规程

1 范围

本文件规定了公路隧道岩溶水文地质条件复杂程度等级划分、各勘察阶段技术要求、勘察方法以及岩溶水文地质评价方法与内容。

本文件适用于湖北省内新建与改扩建公路隧道的工程可行性研究阶段、初步设计阶段、施工图设计阶段、施工阶段的岩溶水文地质勘察。运营期的岩溶水文地质勘察可参照本文件执行。

2 规范性引用文件

下列文件中的内容通过文中的规范性引用而构成本文件必不可少的条款。其中，注日期的引用文件，仅该日期对应的版本适用于本文件；不注日期的引用文件，其最新版本（包括所有的修改单）适用于本文件。

GB 12329　岩溶地质术语
GB/T 50027　供水水文地质勘察标准
GB 50296　管井技术规范
GB/T 51040　地下水监测工程技术标准
DZ/T 0054　定向钻探技术规程
DZ/T 0148　水文水井地质钻探规程
DZ/T 0282　水文地质调查规范（1∶50 000）
JTG C20　公路工程地质勘察规范
JTG C30　公路工程水文勘测设计规范
JTG/T 3222　公路工程物探规程
JTG/T D70　公路隧道设计细则
SL 345　水利水电工程注水试验规程
TB 10049　铁路工程水文地质勘察规范
YS/T 5214　注水试验规程
YS/T 5216　压水试验规程
DB42/T 169　岩土工程勘察规程
DB42/T 561　公路隧道施工地质超前预报技术规程
DB42/T 1710　工程勘察钻探封孔技术规程
CECS 238　工程地质测绘标准
CECS 241　工程建设水文地质勘察标准

3 术语和定义、符号

3.1 术语和定义

下列术语和定义适用于本文件。

3.1.1
岩溶　karst

岩溶又称喀斯特,是水对可溶性岩石(碳酸盐岩、硫酸盐岩、卤素岩等)进行以化学溶蚀作用为特征,并包括水的机械侵蚀和崩塌作用与物质的携出、转移和再沉积的综合地质作用,以及由此所产生的各种地质现象、地貌形态的总称。

3.1.2
岩溶地貌　karst landform

岩溶作用所产生的各种地貌现象,如溶沟、溶槽、石芽、峰丛、峰林和孤峰、漏斗、洼地、落水洞、溶洞、天窗、溶潭、溶井、竖井、溢(消)水洞、暗河、干谷和盲谷等。

3.1.3
岩溶水系统　karst hydrological system

具有明确边界、连续岩溶含水层、统一岩溶地下水流场、相对独立循环的岩溶地下水汇集体的总称,其汇集范围不仅包括岩溶地下水资源补给范围,也包括与岩溶地下水具密切关系的其他类型地下水、地表水可控汇集区。

3.1.4
岩溶地下水　karst groundwater

赋存于岩溶化岩体中地下水的总称,又称岩溶水。

3.1.5
岩溶水文地质条件　karst hydrogeological conditions

一个地区岩溶地下水埋藏、分布、运动以及水质和水量等特征及其影响因素的总称。

3.1.6
岩溶水文地质单元　karst hydrogeological unit

根据岩溶水文地质结构,可溶岩岩石性质,含水层和不透水层的产状、分布及其在地表的出露情况,地形地貌,气象和水文因素等划分,具有一定边界和统一补给、径流、排泄条件的岩溶地下水分布区域。

3.1.7
岩溶管道　karst pipe

岩溶裂隙经进一步溶蚀扩大、形态似管道、成为地下水集中径流和排泄的通道。

3.1.8
溶洞　karst cave

可溶岩在地下水的长期溶解、侵蚀下所形成的洞穴。

3.1.9
暗河　underground river

由地下水汇集或地表水沿地下岩石裂隙渗入地下,经过岩石溶蚀、坍塌以及水的搬运而形成的地下河道。

3.1.10
岩溶密度　rate of karstification

单位面积内岩溶形态(溶沟、溶槽、石芽、洼地、漏斗、溶洞、竖井、落水洞、天窗、溶潭、溶井、溢(消)水洞、地下河出口等)的个数。

3.1.11
线岩溶率 rate of line karstification
钻孔所遇岩溶洞隙长度与钻孔穿过可溶岩长度的百分比。

3.1.12
钻孔遇洞率 rate of hole drilling
钻探中遇岩溶洞隙的钻孔数量与钻孔总数的百分比。

3.1.13
钻孔单位涌水量 unit water inflow of hole drilling
口径 91 mm、抽水水位降深 10 m 的钻孔涌水量。

3.1.14
水文地质勘察 hydrogeological investigation
为查明一个地区的水文地质条件进行的野外和室内水文地质工作，包括水文地质遥感、调绘、物探、钻探、试验和地下水动态监测等工作。

3.1.15
水文地质钻探 hydrogeological drilling
利用钻机钻进地层采取试样，并作水文地质监测和试验的勘探技术方法。

3.1.16
涌水 water gushing
地下水从隧道围岩大量涌出的现象。

3.1.17
突水 water bursting
隧道穿过溶洞发育地段在高水头地下水作用下所发生的大量涌水现象，常伴有泥砂涌出。

3.1.18
最大涌水量 maximum water yield
隧道工程某段在含水体中掘进时的峰值涌水量。

3.1.19
正常涌水量 normal water yield
隧道工程涌水达到相对稳定时的涌水量。

3.1.20
集中涌水 centralizing water yield
地下工程长 10 m 区段内大于 20 L/min 的涌水。

3.1.21
水文地质试验 hydrogeological test
为评价水文地质条件和取得水文地质参数而进行的各种测量和试验工作。

3.1.22
示踪试验 tracer test
通过向地下水中加入一种或多种人工合成的化合物或天然存在的物质（即示踪剂），确定地下水流动的速率、方向、扩散等参数的试验方法。

3.1.23
放水试验 water releasing test
在隧道内打孔揭露含水层，利用含水层中的静水压力使地下水自动涌入隧道，引起放水隧道上部地下水水位的下降,同时监测其流量及放水孔与监测孔水位变化情况,用以测定含水层水文地质参数的试验方法。

3.1.24

微水试验 slug test

通过瞬时向钻孔注入一定水量引起水位突然变化,监测钻孔水位随时间恢复规律,与标准曲线拟合确定钻孔附近含水层水文地质参数的试验方法。

3.1.25

地下水监测 groundwater monitoring

通过地下水监测站按照规定时间间隔和精度要求对地下水水位、水量、水质及水温等动态要素进行监测和调查的过程。

[来源:GB/T 51040—2023,2.0.2]

3.1.26

渗透系数 hydraulic conductivity

在各向同性介质中单位水力梯度下的单位流量,表示流体通过空隙骨架的难易程度,又称水力传导系数。

3.1.27

给水度 specific yield

饱和岩石(土体)在重力等作用下释出水的体积与岩石(土体)体积之比。

3.1.28

释水系数 storage coefficient

水头(水位)下降(或上升)一个单位时,以底面积为一个单位、高度等于含水层厚度的柱体中所释放(或贮存)的水量。

3.1.29

岩溶化 karstification

可溶岩地区造成各种地表及地下岩溶现象的发生及演化并产生地下排水网的综合作用过程。

3.2 符号

下列符号适用于本文件。

A_s——隧道通过含水体地段的集水面积;

B——越流参数;

B_L——隧道涌水地段两侧的影响宽度;

F——汇水面积;

H——自然状态下潜水含水层厚度或试验水头或作用水头;

H_j——年地表径流深度;

h——抽水试验稳定后抽水井中潜水含水层厚度或水柱高度;

h_j——年地下径流深度;

$\bar{h}$——潜水含水层的平均厚度;

K——渗透系数;

L——试段长度;

L_s——隧道通过含水体地段的长度;

l——管长；

M——承压含水层厚度；

M_j——地下水径流模数；

P_0——压水试验段的实际平均压力；

Q——出水量或流量；

Q^l——隧道涌水中来自河流或泉水的补给量；

Q_s——预测正常涌水量；

q_0——隧道单位长度最大涌水量；

q_s——隧道单位长度正常涌水量；

q——单位降深出水量或涌水量；

R——影响半径；

s——水位降深；

t——时间；

u_d——潜水含水层的给水度；

u_e——承压含水层的释水系数；

W——年降水量；

α——降水入渗系数；

ω——压水试验单位吸水量。

4 基本规定

4.1 一般规定

4.1.1 公路隧道岩溶水文地质勘察工作深度应与勘察设计阶段相适应。特长隧道、控制路线方案的长隧道及岩溶水文地质条件复杂的隧道,宜提前开展水文地质勘察工作。

4.1.2 公路隧道岩溶水文地质勘察应在充分分析既有工程地质、水文地质等资料的基础上,采用水文地质遥感、水文地质调绘、水文地质物探、水文地质钻探、水文地质试验、地下水动态监测等多种手段相结合的综合勘察方法进行工作,评价隧道岩溶水文地质条件,为地质选线以及隧道的设计与施工提供依据。

4.2 公路隧道岩溶发育程度等级划分

4.2.1 溶洞规模类型宜按表1确定。

表 1 溶洞规模类型

溶洞规模	分类
中小型溶洞	溶洞洞径＜隧道开挖半径,或溶洞洞径＜6 m
大型溶洞	溶洞洞径≥隧道开挖半径,或溶洞洞径≥6 m
注：溶洞洞径指溶洞最大跨度。	

4.2.2 公路隧道岩溶发育程度可划分为强发育、中等发育、弱发育3个等级,应根据表2确定。

表 2 公路隧道岩溶发育程度等级

指标		岩溶发育程度等级		
		强发育	中等发育	弱发育
岩溶发育特征定性指标	碳酸盐岩层组类型	出露面积广且连续的厚层、中厚层纯碳酸盐岩层组,如厚层与中厚层灰岩、白云质灰岩及钙质胶结的灰岩质砾岩	次纯碳酸盐岩层组,碳酸盐岩呈条带状分布,有一定的连续厚度,如灰岩、白云岩与不纯碳酸盐岩或碎屑岩呈互层或夹层	不纯碳酸盐岩层组,碳酸盐岩呈间互层状分布,且单层厚度较薄,如不纯碳酸盐岩与碎屑岩互层岩组、碎屑岩夹碳酸盐岩
	岩溶形态	地表溶沟、溶槽、石芽等较发育,有较多的洼地、漏斗、溶洞、竖井、落水洞、天窗、溶潭、溶井、溢水洞、地下河出口等;地下溶洞较发育,岩溶形态以大型暗河、廊道、大型溶洞、竖井和落水洞为主,中型串珠状溶洞发育,地下洞穴系统已形成或基本形成,溶洞间管道连通性强;岩溶发育深度较大,极易塌陷,溶槽或串珠状竖向溶洞发育,深度超过 20 m	地表有中小型溶洞,较多的落水洞、漏斗;地下溶洞、通道不多;基岩内岩溶裂隙或串珠状溶洞发育深度 5 m～20 m	地表岩溶形态稀疏发育,地表及地下多以溶隙为主,有少数落水洞、漏斗;地下溶洞较少;基岩内岩溶裂隙或串珠状溶洞发育深度＜5 m
岩溶水特征定性指标	岩溶水	多岩溶大泉和暗河,有小型暗河或集中径流,呈岩溶裂隙水涌出,有大量溶洞水涌出	岩溶大泉、暗河较少,地下有小规模岩溶管道水分布,泉水出露较少	岩溶裂隙多被填充,泉水出露较少或无泉水
定量指标	岩溶密度/(个·km^{-2})	≥5	5～1	≤1
	钻孔线岩溶率/%	≥20	20～5	≤5
	钻孔遇洞率/%	≥30	30～10	≤10
	岩溶水流量 Q/(L·s^{-1})	≥10	10～1	≤1
	钻孔单位涌水量 q/[L·(s·m)$^{-1}$]	≥1	1～0.1	≤0.1

注 1:岩溶水流量指岩溶暗河或泉的流量。
注 2:根据最不利组合的原则,从高到低有 1 个指标符合即可定为该等级。
注 3:湖北省碳酸盐岩地层分布、岩溶水文地质条件、公路隧道岩溶涌水突水易发性分区、碳酸盐岩岩溶地层岩溶发育程度可参考附录 A:湖北省岩溶水文地质条件简介。

4.3 公路隧道岩溶水文地质复杂程度等级划分

4.3.1 公路隧道地形地貌复杂程度可分为简单、中等、复杂3个等级,应按表3确定。

表3 公路隧道地形地貌复杂程度等级

复杂程度等级	地形地貌特征
简单	公路隧道仅穿越单个山峰,进出口基岩裸露、岩体完整,地貌形态单一
中等	介于简单与复杂之间
复杂	公路隧道穿越较大规模的峰丛洼地、峰丛谷地、垄脊槽谷、垄岗谷地以及溶丘洼地、溶丘盆地、溶丘谷地、岩溶高山峡谷、岩溶中山峡谷,地貌形态多样;地面存在厂矿、大型村庄、高等级公路、铁路、高等级输电线路、河流水库等大型地表水体的区域;隧道进出口地形凌乱、岩堆危岩发育

4.3.2 公路隧道水文地质条件复杂程度可分为简单、中等、复杂3个等级,应按表4确定。

表4 公路隧道水文地质条件复杂程度等级

复杂程度等级	水文地质特征
简单	公路隧道位于沿线洼地高程之上,地形有利于自然排水,含水层类型单一,地下水不发育,地下水的补给、径流、排泄条件简单
中等	介于简单与复杂之间
复杂	公路隧道位于沿线洼地高程以下,地下水的补给、径流、排泄条件复杂,主要充水含水层富水性强,补给条件好,并具较高水压;第四系厚度大、分布广,疏干排水有产生大面积塌陷、沉降的可能,水文地质边界复杂。 公路隧道穿越山体地表分布河流或者水库等地表水体;构造破碎带发育,导水性强,且沟通区域强含水层或地表水体。 公路隧道穿越区域性断裂带、破碎带(富水带);公路隧道穿越岩体构造节理与层间裂隙强烈发育带(富水带);公路隧道穿越褶皱构造带(富水带)

4.3.3 公路隧道岩溶水文地质条件复杂程度按岩溶发育程度等级、地形地貌复杂程度等级、水文地质条件复杂程度等级,结合公路隧道与岩溶水系统垂直分带(垂直渗流带、季节变动带、饱水带,其中饱水带又分为水平径流带、深部缓流带)及水平分区(补给区、径流区、排泄区)的空间关系可分为简单、中等、复杂3个等级,应按表5确定。

表5 公路隧道岩溶水文地质条件复杂程度等级

复杂程度等级	岩溶水文地质条件	隧道与岩溶水系统的空间关系
简单	岩溶弱发育,地形地貌简单,水文地质条件简单	隧道位于岩溶水垂直渗流带、岩溶水系统的补给区
中等	介于简单与复杂之间	介于简单与复杂之间
复杂	岩溶强烈发育,地形地貌中等或复杂,水文地质条件中等或复杂	隧道位于岩溶水季节变动带或饱水带、岩溶水系统的径流区或排泄区

4.3.4 公路隧道岩溶水文地质勘察应编制勘察大纲，勘察内容和工作量应根据工程规模、公路隧道岩溶水文地质条件的复杂程度等级、勘察阶段和已有的工作成果确定。

4.3.5 公路隧道岩溶水文地质勘察宜与工程地质勘察相结合。公路隧道岩溶水文地质条件复杂程度等级为简单时，岩溶水文地质勘察可与工程地质勘察合并进行。

4.3.6 岩溶水文地质条件复杂程度等级为中等或复杂的公路隧道，涌水、突水高易发区的公路隧道，或可能对周边水环境及生态产生重大影响的公路隧道，应进行专项公路隧道岩溶水文地质勘察。

5 勘察阶段及技术要求

5.1 一般规定

5.1.1 公路隧道岩溶水文地质勘察可分为工程可行性研究阶段水文地质勘察（简称工可水文地质勘察）、初步设计阶段水文地质勘察（简称初步水文地质勘察）、施工图设计阶段水文地质勘察（简称详细水文地质勘察）。

5.1.2 岩溶水文地质条件复杂程度等级为复杂且控制路线方案的公路隧道，在工程可行性研究阶段宜开展专项岩溶水文地质勘察工作。

5.1.3 岩溶水文地质条件复杂程度等级为中等或复杂、可能诱发施工地质灾害的公路隧道，应进行施工阶段水文地质勘察（简称施工水文地质勘察）。

5.1.4 公路隧道岩溶水文地质勘察宜按下列工作程序进行：
   a) 收集与工程有关的设计方案、工程测量、区域地质、工程地质与水文地质等各种基础资料。
   b) 现场踏勘并了解项目区的地质条件与试验场地条件等。
   c) 拟定工作计划，组织人员和设备，编制工作大纲。
   d) 开展水文地质遥感、水文地质调绘工作。
   e) 开展水文地质物探、水文地质钻探、水文地质试验、地下水动态监测工作。
   f) 开展岩溶水文地质参数计算及评价工作。
   g) 编制勘察报告。

5.1.5 水文地质调绘范围宜根据公路隧道涉及的岩溶水系统范围确定。

5.1.6 水文地质参数应在分析水文地质遥感、调绘、勘探、试验和地下水动态监测资料的基础上综合确定。

5.1.7 公路隧道岩溶水文地质勘察成果宜根据公路隧道勘察阶段、公路隧道岩溶水文地质复杂程度等级确定。

5.2 工可水文地质勘察

5.2.1 工可水文地质勘察宜以资料收集和水文地质调绘为主，可采用航拍或遥感影像进行解译，辅以必要的物探、钻探工作，对隧道水文地质条件进行研究，完成下列各项工作内容：
   a) 初步查明隧址区的地形地貌，地层岩性，地质构造，水文地质条件，岩溶类型、分布及发育规律。
   b) 初步查明隧道影响范围的水文地质分区及富水程度。
   c) 评价隧道的水文地质条件，分析存在的水文地质问题。
   d) 编制工程可行性研究阶段水文地质勘察报告。

5.2.2 工可水文地质勘察工作方法宜根据公路隧道岩溶水文地质条件复杂程度等级按表6选用。

表 6 公路隧道岩溶工可水文地质勘察工作方法表

复杂程度等级	工作方法			
	资料收集	调绘	物探、钻探	试验、监测
简单	+++	++	－	－
中等	+++	+++	＋	＋
复杂	+++	+++	++	++
注1：资料收集包括收集遥感资料。				
注2：＋＋＋表示应做；＋＋表示宜做；＋表示可做；－表示可不做。				

5.2.3 工可水文地质勘察水文地质调绘的比例尺为1∶50 000～1∶10 000，调绘范围应满足路线方案比选的需要。

5.2.4 对于特长隧道、控制路线方案的长隧道以及岩溶水文地质条件复杂程度等级为中等或复杂、工程地质条件复杂的隧道，通过资料收集、水文地质调绘不能初步查明其水文地质条件时，应辅以水文地质物探、钻探工作。

5.2.5 工可水文地质勘察成果报告应包括下列资料：

a) 文字说明。应对隧址区的地形地貌、地层岩性、地质构造、新构造运动、水文地质条件等进行说明。

b) 分析评价。应结合工程方案的论证、比选，对隧址区水文地质条件进行分析评价；对于特长隧道、控制路线方案的长隧道、水下隧道以及水文地质、工程地质条件复杂的隧道，应提供所需的水文地质参数。

c) 图表资料。1∶50 000～1∶10 000隧道水文地质平面图；隧道水文地质纵断面图；其他附图、附表和照片等。

5.3 初步水文地质勘察

5.3.1 初步水文地质勘察工作方法应根据公路隧道岩溶水文地质条件复杂程度等级按表7选用。

表 7 公路隧道岩溶初步水文地质勘察工作方法表

复杂程度等级	工作方法			
	资料收集	调绘	物探、钻探	试验、监测
简单	+++	++	＋	＋
中等	+++	+++	++	++
复杂	+++	+++	+++	+++
注1：资料收集包括收集遥感资料。				
注2：＋＋＋表示应做；＋＋表示宜做；＋表示可做。				

5.3.2 岩溶分布区的公路隧道除按一般隧道的勘察要求基本查明隧址区的地形地貌、地质构造、地层岩性、地震动参数外，还应查明以下内容：

a) 岩溶的类型及其特征。

b) 水系分布及特征,剥夷面、阶地发育情况;岩溶地貌(岩溶漏斗、竖井和洼地等)、岩溶泉与地下水分布的关系。
c) 地下水的类型、分布、水化学特征、涌水量等。
d) 地质构造、地层岩性、节理裂隙发育情况、破碎带分布及填充胶结情况、地下水和地表水等对岩溶发育的影响。
e) 暗河的位置、规模、水位、水量。
f) 大型岩溶洞穴的形状、规模、填充情况(全填充、半填充)和填充物的物质组成及物理特征。
g) 被隔水层圈闭的蓄水构造。
h) 岩溶水系统的垂直渗流带、季节交替带、饱水带的范围及其特征。
i) 分段预测施工阶段可能发生的最大涌水量和正常涌水量。
j) 隧道影响范围内有地下水露头(泉、井)及地表水体时,应评价施工导致泉、井干涸以及地表水渗漏的可能性,并提出工程措施建议。

5.3.3 水文地质调绘应包含以下内容:

a) 地形地貌调绘。查明岩溶地貌的形态特征、规模、成因、组合特征及空间分布与过渡关系;划分地貌形态、组合类型;评价隧址区主要工程地质、水文地质问题。
b) 地层岩性调绘。查明碳酸盐岩的地层时代、物质组成及岩性组合特征、结构特征、构造特征、分布特征。
c) 地质构造调绘。在水平方向上,查明控制岩溶发育的褶皱、断层、节理裂隙、结构面的位置、展布方向及其与岩溶洞穴、地下河的关系;在垂直方向上,查明岩溶发育的期次及其与地壳垂直升降的关系,包含以下内容。
   1) 根据区域地质报告,确定隧道所处区域构造部位、主要断裂和褶皱构造的分布。
   2) 利用1∶50 000和1∶10 000地形图、航拍或遥感影像,结合现场微地形、地层岩性,查明隧址区主要褶皱和断裂构造发育特征,调查岩溶发育史以及不同时期发育岩溶的相互关系,分析不同期次岩溶侵蚀基准面的分布高程,并与岩溶调查结果综合分析,圈定岩溶发育程度分区,评价其对隧道围岩稳定的影响。
d) 岩溶及岩溶水调查。应调查岩溶发育规律及其与地貌部位、地层岩性、层组类型、地质构造、地层结构、地表水径流条件、地下水径流条件、排泄基准面、古岩溶、河谷发育史和地下水文网演变等的关系。
   1) 溶丘地貌。重点查明构造特点,地表水汇水范围,地下水补给、径流、排泄条件以及当地生产生活用水的水环境状况。
   2) 峰丛地貌。隧道仅穿越峰丛山体时,重点查明峰丛山体岩溶洞穴分布情况,岩溶洞穴的分布高程和展布方向,出水洞、落水洞(漏斗)的位置。隧道线位较低须穿越洼(谷)地时,应查明洼(谷)地的汇水面积,洼(谷)地历史淹没情况、最高洪水位、水量以及消排时长。应调查落水洞(漏斗)的位置、规模,洼(谷)地岩土的结构、土层厚度、隐伏溶蚀洞穴、裂隙的发育程度及岩体的完整性,评价隧道发生涌水、突水、突泥及地面塌陷灾害的可能性及严重程度,评价隧道修建对居民房屋、耕地、道路、生产生活水源的影响程度。
   3) 结合典型地段人工示踪试验,查明暗河连通情况和地下水的流向、流速、流量以及岩溶水在各通道之间、地下水与地表水之间的相互转化条件和补给关系。对不适宜进行人工示踪试验的地段,可选择天然示踪试验。

5.3.4 水文地质物探宜符合下列规定：
 a) 宜采用高密度电法、浅层地震等探测岩土层界线、岩体风化层厚度。
 b) 宜采用瞬变电磁、大地电磁测深等方法探测隧道洞身附近洞穴和岩溶发育带的位置和规模。
 c) 宜采用钻孔电视、层析成像等方法探测钻孔内及钻孔间的岩溶发育情况。
 d) 宜采用高密度电法、微动等方法探测洼（谷）地土层厚度及下伏洞穴发育情况。

5.3.5 水文地质钻探应符合下列规定：
 a) 隧道进出口、地形低洼、岩溶发育、水文地质条件复杂程度等级为中等或复杂的地段宜布置钻孔，可能存在暗河、大洞穴、大断层、高水压地下水富集带的部位应布置专门性钻孔。
 b) 钻探深度应至隧道基底以下完整基岩中 5 m～8 m。在该深度内遇岩溶洞穴、暗河时，勘探深度应至洞穴、暗河底板稳定基岩后再钻进 3 m～5 m；专门性钻孔深度应视具体要求而定。
 c) 进出口段钻探，应分层采取岩、土试样；洞身段钻探，在设计高程以上 3～5 倍的洞径范围内应采取岩、土试样。同一地层中，岩、土试样的数量宜不少于 6 组。
 d) 遇有地下水时，应进行水位监测和记录，量测初见水位和稳定水位，判明含水层位置、厚度和地下水的类型、流量等。

5.3.6 应按表 1～表 5 的规定进行公路隧道岩溶水文地质条件复杂程度等级划分；公路隧道岩溶水文地质条件复杂程度等级为中等或复杂的地段应开展水文地质试验和地下水动态长期监测。

5.3.7 公路隧道初步水文地质勘察成果报告宜包括以下内容：
 a) 公路隧道岩溶水文地质条件复杂程度等级为简单的隧道，可列表说明其水文地质条件；公路隧道岩溶水文地质条件复杂程度等级为中等或复杂的隧道，应按工点编制文字说明和图表资料。
 b) 文字说明。应对隧道工程建设场地的水文地质条件进行说明，包含隧道的围岩等级；地下水类型，含水岩组，富水性分区及补给、径流、排泄条件，水化学类型等；岩溶水文地质条件评价，包括涌水量预测方法的选择及水文地质参数的确定，涌水量预测成果等；岩溶危险性评价；隧道工程建设对当地水环境可能造成的不良影响及工程措施建议，岩溶水文地质问题处治工程措施建议等内容。
 c) 图表资料。1∶10 000 隧址区域水文地质平面图；1∶2 000 隧道水文地质纵断面图；1∶200～1∶50 钻孔柱状图；物探资料；水文地质试验及监测资料；岩、土、水测试资料；附图、附表和照片。

5.4 详细水文地质勘察

5.4.1 详细水文地质勘察工作方法应根据公路隧道岩溶水文地质条件复杂程度等级参照表 8 选用。

表 8 公路隧道岩溶详细水文地质勘察工作方法表

复杂程度等级	工作方法			
	资料收集	调绘	物探、钻探	试验、监测
简单	+++	+++	++	++
中等	+++	+++	+++	+++

续表 8

复杂程度等级	工作方法			
	资料收集	调绘	物探、钻探	试验、监测
复杂	＋＋＋	＋＋＋	＋＋＋	＋＋＋

注1：资料收集包括收集遥感资料。
注2：＋＋＋表示应做；＋＋表示宜做；＋表示可做。

5.4.2 详细水文地质勘察应根据现场地形地质条件和隧道类型、公路隧道岩溶水文地质条件复杂程度等级制订勘察方案，详细查明隧道的水文地质条件，为施工图设计提供水文地质资料。

5.4.3 详细水文地质勘察工作应包括下列内容，并符合下列规定：

a) 详细水文地质勘察应对初步水文地质勘察成果资料进行核实。应根据初步水文地质勘察查明的水文地质条件，结合隧道的建设方案进行加密水文地质调绘、勘探和试验工作，详细查明和评价隧道的水文地质条件。

b) 当隧道偏离初步设计位置或地质条件需进一步查明时，应补充水文地质调绘，对影响隧道的暗河、溶洞、落水洞、竖井等应实地调绘，结合钻探、物探等资料，查明隧道围岩含水介质的类型、地下水水位及其动态变化特征，地下暗河或岩溶管道的位置。补充调绘宜采用比例尺1：2 000的地形图。

c) 对隧道的可能涌水突水段，应加强勘探、测试工作，提供水文地质参数，作出涌水量预测。

d) 应进一步评价隧道与周边环境的相互影响，预测其发展趋势，并提出防治措施。

e) 对岩溶水文地质条件复杂程度等级为中等、复杂的公路隧道应开展专项岩溶水文地质勘察工作。

f) 对初步水文地质勘察已经建立的临时气象、水文监测站（点），继续进行监测。

5.4.4 勘探点、试验点应在初步水文地质勘察的基础上，根据现场地形地质条件及水文地质评价的要求进行加密。在充分利用初步水文地质勘察成果的基础上，采用物探、钻探、试验相结合的综合勘探方法。

5.4.5 隧道涌水量计算应根据新增的钻探和水文地质试验、监测等工作进行复核。

5.4.6 隧道详细水文地质勘察成果报告除应符合本文件5.3.7款的规定外，尚应符合下列规定：

a) 对岩溶水文地质条件复杂程度等级为中等、复杂的公路隧道应编制专项公路隧道岩溶水文地质勘察报告。

b) 隧道水文地质图（以工程地质图件作底图）比例尺为1：2 000，重点路段可按比例尺1：2 000～1：500编制。

5.5 施工水文地质勘察

5.5.1 当公路隧道岩溶水文地质条件复杂程度等级为中等或复杂，施工揭示的岩溶发育程度、水文地质条件复杂程度与详细水文地质勘察评价结果出入较大，出现突水、涌水事件时，应开展施工水文地质勘察工作，及时提出改进施工方法的意见和处治措施。

5.5.2 施工水文地质勘察工作应包括以下内容，并符合以下规定：

a) 对详细水文地质勘察成果资料进行现场核对，补充水文地质勘察工作。

b) 公路隧道岩溶水文地质条件复杂程度等级为中等或复杂时，应开展超前水文地质灾害预报工作。

c) 对可能存在隧道突水、涌水地段应进行水文动态监测,监测内容为与隧道工程相关的地表水水位(流量)、钻孔(井)水位、泉流量的动态长期监测。

d) 对隧道突水、涌水段,应记录涌水位置、水量、水温、水质、含泥砂量和降水量等,并分析隧道涌水与降水、地表水及地下水的相关关系。

e) 对隧道集中涌水地段、涌水量较大及突泥地段,应对涌水量的变化趋势进行预测。

f) 核查岩溶水对围岩稳定性的影响,实测隧道外水压力值。

g) 核查岩溶水有无腐蚀性。

h) 对隧道施工揭露的大型溶洞应进行专门的探测。

i) 提出施工中应注意的事项及应急措施建议;针对重大岩溶不良地质问题进行具体分析,提出应对措施、修改设计建议。

5.5.3 岩溶隧道超前地质预报应查明掌子面上方、前方及周围,隧道底板下及拱圈的隐伏岩溶规模、范围、溶洞填充性、富水性及水压力情况。

5.5.4 施工水文地质勘察成果报告应包括以下内容:

a) 文字说明。
   1) 隧道水文地质条件。
   2) 涌水地段的位置、水文地质条件、水量、水温、水质、含泥砂量和特征等。
   3) 施工揭露的大型溶洞探测情况与处治措施。
   4) 岩溶隧道地质灾害危险性评价。
   5) 岩溶水文地质问题处治建议,包括隧道施工前后的地下水水位,边墙和拱圈的涌水、渗漏水位置及其危害情况与处治措施等。
   6) 评价隧道施工导致地下水水位下降对周边环境的影响程度、范围,提出处治措施建议。
   7) 提出开展隧道洞室稳定性评价专题研究的建议。
   8) 隧道施工过程中掌子面安全岩盘厚度的计算。
   9) 运营阶段应注意事项及建议。

b) 图件编制。
   1) 隧道水文地质纵断面图,包括地层岩性、褶曲和断层的位置与产状,地下水出露的位置、水位、涌水量等。
   2) 在断裂破碎带、坍塌变形、涌水地段及含水层与隔水层交界地段应绘制隧道水文地质横断面图。
   3) 施工揭露的大型溶洞水文地质纵断面图、横断面图、照片等。

6 水文地质遥感

6.1 一般规定

6.1.1 公路隧道岩溶水文地质调绘前应收集现有的卫片、航片等遥感影像资料进行水文地质解译,遥感解译工作的范围应大于水文地质调绘范围。

6.1.2 公路隧道岩溶水文地质遥感工作程序包括收集影像片种、初步遥感解译、野外验证调查与复核解译、最终解译与成果整理 4 个阶段。

6.2 遥感解译的内容

6.2.1 公路隧道岩溶水文地质勘察应充分利用遥感影像解译成果，宏观掌握岩溶地貌、岩溶水文地质条件及其复杂程度，概略划分水文地质单元。

6.2.2 遥感影像水文地质解译包括以下内容：

a) 地形地貌。划分岩溶地貌单元，确定各类岩溶个体形态及其组合类型，鉴别各级岩溶剥夷面；判明可溶岩的分布、岩溶发育程度及岩溶形态，特别注意对岩溶负地形（岩溶洼地、岩溶天窗、漏斗、岩溶槽谷等）和地表岩溶地貌组合形态（如峰丛洼地、溶丘洼地、脊峰沟谷等）的解译，并进行密度统计分析和区域对比。

b) 区域地质。了解区域构造轮廓，划分构造单元及构造体系，分析断裂的力学性质与隐伏构造，鉴别褶皱形态及确定岩层产状；判明地质构造基本轮廓和新构造运动形迹及其富水的可能性。

c) 地层岩性。确定不同时代的地层界线及接触关系，了解碳酸盐岩与非碳酸盐岩的分布特征，划分岩溶层组，分析第四纪地层的岩性、分布及成因类型等；解译隧址区的主要地层和岩性分界线、断层与隧道的关系。

d) 水系展布与河道变迁。判明水系分布范围、形态分类及发育特征，确定阶地，圈定古河道、暗河及盲谷等。

e) 岩溶水文地质。判明大型泉水点、泉群、地下水溢出带的位置和范围，地下水富水地段，地貌、地层岩性、地质构造与地下水的关系，初步分析地下水补给、径流、排泄条件。

f) 与岩溶有关的不良地质现象，如地面塌陷等。

6.2.3 遥感影像水文地质填图应进行野外验证；验证水文地质要素遥感解译的可靠性，重点调查、确认室内解译中发现或需进一步认识的水文地质关键问题，抽样检查水文地质要素遥感解译图斑空间位置和形态特征表达的准确性。

6.2.4 遥感影像成果解译应编制成水文地质图，并提供成果报告。

7 水文地质调绘

7.1 一般规定

7.1.1 公路隧道岩溶水文地质调绘应根据隧道工程区及影响区的自然环境、地质环境条件进行水文地质条件分析，合理有效地布置水文地质调绘工作，为隧道工程建设提供准确的水文地质资料。

7.1.2 公路隧道岩溶水文地质调绘宜在比例尺大于或等于调绘比例尺的地形地质图的基础上进行，当只有地形图而无地质图或地质图的精度不能满足要求时，应进行地质测绘。水文地质调绘应根据不同的勘察阶段选择合适的比例尺，宜按 1：50 000～1：10 000 比例尺进行，必要时可进行1：2 000 比例尺的水文地质测绘。

7.1.3 公路隧道岩溶水文地质调绘野外工作开展前应充分收集调查区既有基本地质资料与图件，掌握地层岩性、地质构造、岩溶及水文地质方面的资料，以便有效地开展野外调绘工作。

7.1.4 公路隧道岩溶水文地质调绘的内容包括岩溶调查、岩溶水系统调查、岩溶环境问题调查等。

7.2 岩溶调查

7.2.1 岩溶地质条件调查应符合下列规定（岩溶、地质点野外调查表见附录B表B.1，岩溶地貌主要组合类型见附录 C 表 C.1，岩溶地貌调查表见附录 C 表 C.2）：
   a) 岩溶地貌调查。调查岩溶地貌特征、类型，各种岩溶形态的分布、高程、规模，发育程度和发育规律。
   b) 地层岩性调查。调查可溶岩的时代、岩性、厚度、产状和分布范围，可溶岩与非可溶岩的接触关系。
   c) 地质构造调查。调查地质构造的产状、性质、延伸情况、断层带宽度及其变化和填充物质；调查断层带附近岩溶发育情况及其导水性；调查主要褶皱、隆起与坳陷等的分布、性质及其相互间的连接变化情况；进行地层岩体节理裂隙调查统计，包括裂隙点的位置和所处的构造部位，裂隙的分布、宽度、产状、延伸情况及填充物的成分和性质，裂隙面的形态特征、风化情况，各组裂隙的发育程度、切割关系和透水性。裂隙调查统计宜优先在相互垂直的两个面上进行，其面积一般不应小于 2 m×2 m。

7.2.2 岩溶发育特征调查应符合下列规定：
   a) 岩溶形态调查。调查岩溶个体形态、岩溶微形态及岩溶组合形态，描述其发育的层位与地层岩性、地质构造部位、地貌单元、分布高程及类型、规模、分布范围、形态特征、形成条件等，统计岩溶密度，分析其发育规律。
   b) 蓄水构造调查。对于裸露-覆盖型蓄水构造应查明覆盖层性质和厚度、覆盖层与基岩面及地下水水位的关系，岩溶发育情况与岩溶水的水力联系，圈定富水地段范围；对于裸露-埋藏型蓄水构造，应查明岩溶含水层的顶板埋深、厚度、岩溶发育情况，补给范围，圈定流域边界；对于埋藏型蓄水构造，应查明侧向补给边界、阻水边界，流域岩溶含水层顶板埋深、厚度及岩溶发育情况。

7.2.3 岩溶洞穴调绘应符合下列规定：重点调查能够反映区域岩溶发育规律、控制地下河系统和对隧道工程有影响的洞穴，洞穴的调查应配备专用设备，如头盔、洞穴服、探洞鞋、头灯、洞穴测量专用罗盘、激光测距仪等设备，在确保安全的前提下进行。岩溶洞穴调绘主要包括下列内容（岩溶洞穴野外测量表见附录 B 表 B.2、岩溶洞穴野外调查表见附录 B 表 B.3）：
   a) 洞穴位置、洞口和洞底高程，所在层位、地层岩性和地质构造发育情况。
   b) 洞穴形态，纵、横断面特征，延伸和变化情况。
   c) 洞内地下水状况、洞内沉积物与堆积物的成分和性质、洞体的完整性和稳定性。
   d) 不同形态洞穴的数量和密度，成层情况，空间分布规律，洞穴垂直、水平方向的连通情况。
   e) 初步判定洞穴的形成时期。
   f) 绘制洞穴平面示意图及纵、横断面图。

7.2.4 岩溶调查时应注意岩溶发育与下列因素的关系：
   a) 与地层岩性的关系。可溶岩与非可溶岩的边界、夹层特征等对岩溶发育的控制作用。
   b) 与地质构造的关系。岩层厚度和产状，背斜和向斜，断层和节理的产状、性质等对岩溶形态和发育方向的控制，后期构造对古岩溶的影响。
   c) 与地形地貌的关系。河谷区和河间地块区岩溶发育规律的对比，不同地形地貌条件和覆盖条件对岩溶发育的影响。
   d) 与新构造运动的关系。岩溶成层性与阶地或夷平面进行对比，并作相关性分析。
   e) 与水文网的关系。岩溶发育深度与地下水动力条件和排泄基准面的关系，基准面改变与地下水分水岭迁移的关系。
   f) 降水量、气温、水的腐蚀性对岩溶发育的影响。

7.3 岩溶水系统调查

7.3.1 各种岩溶水点(如表层岩溶泉、落水洞、出水洞、地下河出口、地下河天窗、潭等)的调查内容应包括位置、形状、规模，发育层位、岩性、构造条件和地貌部位，落水洞附近的地表水发育情况，下潜流量及其季节变化，各种岩溶水点的数量、密度及其空间分布规律，并进行详细的监测描述，描述内容如下(岩溶水点野外调查表见附录B表B.4，机(民)井野外调查表见附录B表B.5)：

a) 出露水点的地层层位、岩性、地质构造及所处构造形迹的部位，岩层产状，结构面的产状及其力学性质、水理性质，地质构造与岩溶发育的关系，所处地貌单元位置及地貌特征。

b) 岩溶水点地面高程、水位、埋深、水深，并访问变化幅度及监测洪水痕迹；水温(同时监测气温、洞温)、pH值、电导率、暂时硬度；水的物理性质(如颜色、气味、透明度等)。

c) 取代表性水样进行化学分析。水质受工农业废水影响或含有特殊元素的，要作专门的调查。

d) 每个岩溶水点都应绘制水文地质断面草图或示意图，对有特殊意义的水点，应实测水文地质断面图或洞穴水文地质图，并编图、素描或摄影。

e) 水位埋深或岩溶水点高程高于隧道工程的，应着重调查其与隧道工程的水力联系，必要时进行专项水文地质试验。

f) 机(民)井除调查以上内容外，还应着重调查水井结构、井水位高程、水位变幅和季节变化及与地表水体的关系。

7.3.2 岩溶大泉、地下河系统调查宜符合下列规定，查明其补给、径流及排泄特征：

a) 调查岩溶大泉、地下河流域的边界与结构，进行岩溶地下水系统划分，特别要调查可溶岩与非可溶岩的三维空间分布规律，以及岩溶水系统中有无外源水(来自非岩溶地区的水)的补给。

b) 调查地下水和地表水的水力联系，地下河及岩溶泉的水位、流量、水质动态变化及其影响因素，地下水水资源量；表层岩溶水和表层岩溶泉的分布规律和水资源特征；蓄水构造的富水地段，岩溶水资源量及覆盖层情况。

c) 对于岩溶大泉，着重调查控制溶隙和管道发育的断裂或构造裂隙带，研究出露条件、控制因素，根据大泉出露的地形、地质条件，初步圈定泉域边界，实测、调查水位与流量及其变幅；查明大泉的补给范围、泉域边界，重点查明其补给、径流及排泄特征。

d) 必要时对岩溶水系统水文地球化学特征进行野外调查与监测，并在野外实测水的pH值、HCO_3^-浓度、Ca^{2+}浓度、温度、电导率等指标，分析判断岩溶水的补给来源以及岩溶水系统的温度场和化学场。

e) 在地下暗河发育区，宜调查地表岩溶形态、岩溶泉出露位置与地下水系的关系，必要时对地下暗河进行专门调查，测定岩溶水流速、流量，编制地下暗河分布图。

7.4 岩溶环境问题调查

7.4.1 岩溶环境问题调查宜符合下列规定[岩溶环境(塌陷)野外调查表见附录B表B.6]：

a) 调查与隧道工程建设相关的地面塌陷、泉水疏干等环境问题的分布位置、范围、动态、程度，产生的原因和影响因素，与水文地质条件的关系。

b) 调查隧道建设对岩溶水质、水量动态的影响。

7.4.2 在第四系覆盖的岩溶区，应调查是否存在土洞和塌陷。

8 水文地质物探

8.1 一般规定

8.1.1 应在水文地质调绘的基础上开展水文地质综合物探工作。水文地质物探有地面物探和孔内物探等多种方法，宜优先采用物探方法，对物探异常点布置适量验证性钻孔，可在孔内再做物探，做到相互补充、验证。

8.1.2 为合理布置勘探孔提供依据，公路隧道岩溶水文地质物探工作应包括下列内容：
a) 探测覆盖层厚度及基岩面形态。
b) 探测岩溶发育带（区）。
c) 探测隐伏断层、破碎带、裂隙带、可溶岩与非可溶岩的接触带等。
d) 探测含水层与隔水层。
e) 探测含水层的富水性等。

8.1.3 地面物探应按以下原则选择一种或几种物探方法：
a) 覆盖层勘探宜选用地震勘探法、高密度电法、瞬变电磁法、大地电磁测深法。
b) 浅埋岩溶勘探宜采用探地雷达法、地震反射法、地震映像法、地震面波法、地震折射法、直流电法、瞬变电磁法、层析成像法；浅埋隧道或被探测目标体埋深较浅时，除上述方法外，可采用微动法、高密度电法、电测深法等方法进行综合物探。
c) 深埋岩溶勘探宜采用瞬变电磁法、大地电磁测深法；深埋隧道在野外工作条件不利时，或在物探资料显示岩溶强烈发育地段，可辅助采用地震反射法、广域电磁法等方法进行综合物探。
d) 物探探测深度宜大于隧道底板以下 20 m。

8.1.4 地面物探测线布置宜符合下列规定：
a) 沿隧道中线或平行隧道走向布置，异常段布置横测线；当公路隧道岩溶水文地质条件复杂程度等级为中等或复杂时，宜在其左、中、右侧布置平行路线纵测线，数量不少于 3 条，且宜采用两种或两种以上物探方法。
b) 在追踪岩溶发育带、隐伏断层、破碎带、裂隙带、可溶岩与非可溶岩的接触带时，宜垂直上述地段布置物探测线或垂直隧道布置横向物探测线，且测线数量宜不少于 2 条。

8.1.5 宜采用综合测井、孔内电视、孔内激光、管波及层析成像等方法进行孔内物探，探测钻孔周围或钻孔间的岩溶分布情况：
a) 孔壁岩溶宜采用综合测井、波速测试、钻孔全景数字成像、钻孔摄像、钻孔管波探测、孔洞三维激光探测等方法。
b) 孔、洞间岩溶宜采用层析成像法、孔间探地雷达法。

8.1.6 地下水流速、流向测试宜采用同位素示踪法、流速测试法、自然电场法、充电法、井温测试等。

8.1.7 公路隧道岩溶水文地质物探的成果资料，应结合隧址区的地质条件和其他勘探成果进行综合解译，并对岩溶水文地质条件作出评价。

8.1.8 对于物探推断的岩溶，对隧道影响较大时，宜进行钻孔验证。

8.2 物探外业工作

8.2.1 本文件主要规定了大地电磁法、微动法和瞬变电磁法等地面物探外业工作和孔内、孔间物探外业工作注意事项。

8.2.2 大地电磁法外业工作应注意以下事项：
   a) 仪器设备应齐全、无破损、操作正常。
   b) 电道、磁道信号线与屏蔽层的绝缘度应大于 1 MΩ。
   c) 不极化电极极差应小于 1 mV。
   d) 仪器在开工前、收工后以及发生故障修复后，应分别对主机和磁探头进行标定，相邻两次标定结果相对误差应不大于2%；仪器发生故障修复后应重新进行标定或平行测试；同一测区如有两台或两台以上的仪器一起施工，应在开工前、收工后在同一位置采用相同监测装置进行一致性对比试验。
   e) 未开展技术参数选择试验的测区，开工前应在测区进行技术参数试验调整，试验参数主要包括监测频率范围、监测时长、电极距长度等。
   f) 测线和测点应按设计书规定进行布设；测点应选在周围开阔、地表土质均匀的区域布置，不宜布置在明显的非均匀体旁；测点宜远离电磁干扰源；测点的平面坐标和高程应采用卫星定位仪或经纬仪进行实测。
   g) 监测装置敷设应选择矢量监测方式，地质条件简单时可选择标量监测方式；测量电极与水平方向的磁探头应相互垂直，应布置成"十"字形，地形起伏较大时，可布置成"T"或"L"形。

8.2.3 微动法外业工作应注意以下事项：
   a) 现场试验工作前，应对仪器设备作性能测试以及一致性试验工作，仪器性能检验和一致性测试应选择在测区典型的位置。
   b) 技术试验工作包括监测台阵选择、监测半径和探测深度选择、监测时长选择。现场测线、测点、检波器应使用测量仪器布设。
   c) 测线应按照设计书要求布置，应垂直目标物走向，测点的间距依据地质任务要求和目标层稳定程度综合确定，应小于被勘探对象的水平尺寸。发现异常应在异常点布置垂直测线。
   d) 测点监测台阵的各检波器应在同一平面上，检波器应与地面水平接触良好，安置牢固，埋置在密实地层，埋置条件力求一致。

8.2.4 瞬变电磁法外业工作应注意以下事项：
   a) 应以已知地段或相似测区类似地质条件的实际断面为参考进行正演模拟，求得最佳工作装置及工作参数。
   b) 装置选择应考虑目标体的特性、电磁噪声干扰和地质环境等。
   c) 工作参数选择包括发射回线边长、发射电流、时窗范围等；发射和接收线框应避开高压线、铁路、地下管线布置。

8.2.5 孔内物探外业工作应遵循以下规定：
   a) 应搜集钻孔孔深、孔径、井液性质等参数，确定合适的孔内物探参数，确保孔内测试安全。
   b) 测量人员应规范野外记录，明确记录每个测量参数的采样间隔、起止深度、测试方向；同一测量批次的深度对零位置要一致。
   c) 初测工作完成后应及时回放原始数据，对有需要的测段进行初步解释分析，并做好质检工作。

8.2.6 孔间层析成像外业工作应遵循以下规定：
   a) 孔间层析成像工作前，应确定钻孔护壁措施；应用直径略大于探头的重物进行探孔，检查水位、孔深和通畅情况；监测完成后，应清理现场，做好钻孔保护。

b) 孔间层析成像工作前,应对激发和接收洞壁进行测绘,了解地质条件、洞深、洞壁起伏情况、激发接收条件等。
c) 外业工作布置应符合下列要求:孔(洞)间距应根据探测任务要求、物性条件、仪器设备性能和探测方法的特点合理布置,电磁波 CT 宜小于 40 m,地震波 CT 可根据激发方式和能量大小适当选择;成像的孔(洞)深度应大于其孔(洞)间距;电磁波 CT 测点距宜为 1 m,地震波 CT 测点距不宜大于 3 m。

8.2.7 物探外业工作除应遵循上述规定外,还应按照《公路工程物探规程》(JTG/T 3222)的规定执行。

8.3 物探内业工作

8.3.1 公路隧道岩溶水文地质物探资料解释应符合下列规定:
a) 物探资料解释与推断应遵循内外业同步进行、内业指导外业的原则,现场应及时对资料进行初步整理和解释。
b) 应充分结合物探工作范围内的地质、设计和施工资料,在反复对比分析中,总结和分析各种异常现象,得出较为准确的结论。
c) 物探资料解释时应通过综合资料,充分考虑地质情况和探测结果的内在联系与可能存在的干扰因素。
d) 物探解释成果应使用相关专业语言表达。

8.3.2 公路隧道岩溶水文地质物探成果报告编制应符合下列规定:
a) 采用单项物探方法完成一个工区的一项或几项工作任务应编写单项物探(或专题)成果报告,采用多项物探方法完成一个工区的一项或几项工作任务从事综合物探应编写综合物探成果报告。
b) 完成一个工程或工区的一个勘察设计阶段的物探工作后,应编写阶段性综合物探成果报告。
c) 物探成果报告应结构严谨、内容全面、重点突出、立论有据、结论明确、建议合理、文字简练、图表齐全。

8.3.3 公路隧道岩溶水文地质物探图件编制应符合下列规定:
a) 物探成果图件应包括物探平面布置图、物探成果解释推断图和原始资料图等。
b) 物探平面布置图中物探测线两侧端点和测点处应标明选用的物探方法及起止里程。
c) 物探成果解释推断图应有地形线、物探推断解释地质成果内容、比例尺、高程数据和文字注释等要素。
d) 物探原始资料图应包括视电阻率断面图、波速影像图、地震反射时间断面图和测井曲线图等。
e) 同一钻孔中进行的电测井、声波测井、放射性测井、温度测井、井径测井曲线,宜绘制在一张综合测井成果图上。孔壁超声成像宜贴在该图的钻孔测井柱状断面旁。其他测井方法所得资料可单独成图或列表,但成果均应以文字形式反映到综合测井曲线解释图上。
f) CT 图像可以采用等值线、灰度、色谱等图示方法,图像可按等差分级,为了突出异常,也可采用变差分级;同一断面的多组 CT 断面可拼接成一幅成果断面图。

9 水文地质钻探

9.1 一般规定

9.1.1 公路隧道岩溶水文地质钻探基本任务是揭露隧道岩溶含水层的埋藏深度、厚度、岩性和水头（位），进行水文地质监测及试验，按要求采取岩样、土样和水样，测定岩土物理力学性质和水理性质，监测地下水动态。

9.1.2 宜结合水文地质试验要求，在岩溶储水构造、岩溶发育或物探异常部位布设水文地质钻孔。

9.1.3 水文地质钻孔一般利用工程地质钻孔，终孔孔径不宜小于91 mm。

9.1.4 钻孔开钻前应做好技术交底和环保安全交底工作，水文地质钻探作业应同步做好水文地质监测和编录工作。

9.1.5 对位于地形陡峻、隧道长、埋深大、交通条件差、竖向深孔勘探无法实施的隧道钻孔，可根据需要采用定向钻探，并在孔内开展取芯、涌水量监测、综合测井和孔内电视等相关测试。

9.1.6 现场作业应符合环保与绿色施工要求。

9.2 钻探要求

9.2.1 公路隧道岩溶水文地质钻探钻孔直径、岩土芯（样）采取率、孔深与孔斜、水文监测、成井工艺、水文地质试验、封孔、原始记录与技术档案等质量要求执行《供水水文地质勘察标准》(GB/T 50027)、《管井技术规范》(GB 50296)、《水文水井地质钻探规程》(DZ/T 0148)有关规定。

9.2.2 采取的岩芯应能满足鉴定岩性和分层的需要，并可以判断坚硬岩石的破碎程度及岩溶发育强度，统计全孔、某层位或某个深度内的钻孔线岩溶率，统计钻孔遇洞率，破碎岩溶带中岩芯采取率不宜小于30%。

9.2.3 钻孔获取资料完成后应按要求回填封孔，并做好记录，可溶岩段采用水泥砂浆封填，溶洞段可采用封孔栓塞后封孔，需保留的钻孔应设置防护装置。封孔质量要求执行《工程勘察钻探封孔技术规程》(DB42/T 1710)有关规定。

9.3 钻探编录

9.3.1 钻进中要进行水文地质监测，监测水位、水温、冲洗液消耗量、岩芯、漏水位置、钻进状态、掉钻情况，监测记录钻孔中自流水的水头和钻孔单位涌水量，涌水、涌砂、塌孔位置及数量以及岩层变换深度、含水层构造和溶洞的起止深度等。

9.3.2 公路隧道岩溶水文地质钻探应按要求采取岩样、土样和水样，提供字迹清晰的钻探编录以及钻孔综合地质柱状图等成果，提交的编录必须真实、准确、可靠。钻探编录的主要内容如下：

a) 松散岩层的名称、颜色、湿度、成分（颗粒成分及百分比含量）、磨圆度、分选性、结核、结构层的相互关系及层理特征。

b) 基岩的名称、颜色、结构、矿物成分、岩芯的破碎情况、岩芯采取率、节理、溶蚀裂隙、溶洞的形态和尺寸、填充情况和填充物、断层擦痕、断层泥及其填充物、风化程度、层与层之间的相互关系及层理性质。

c) 钻孔裂缝和漏浆等特殊部位的处理情况。

9.3.3 根据需要，重要隧道钻孔的岩芯要长期保留；一般隧道钻孔按规定保留缩样或标本，并拍摄照片留存。

10 水文地质试验

10.1 一般规定

10.1.1 公路隧道岩溶勘察为获取水文地质参数，对公路隧道进行岩溶水文地质评价，应开展水文地质试验。

10.1.2 公路隧道岩溶水文地质试验应根据工程目的、公路隧道岩溶水文地质条件复杂程度等级与岩溶通道形态特征、发育规模、贯通程度以及地下水流量和流速、降水特点和场地条件等合理确定试验方法。

10.1.3 根据公路隧道岩溶水文地质条件复杂程度等级，不同勘察阶段水文地质试验方法宜按表9选用。

表 9 公路隧道岩溶不同勘察阶段水文地质试验方法选用表

勘察阶段	示踪试验	注水试验	抽水试验	压水试验	微水试验	放水试验
工可水文地质勘察	＋	＋	＋	－	－	－
初步水文地质勘察	＋＋	＋＋	＋	＋	＋	－
详细水文地质勘察	＋＋	＋＋	＋＋	＋	＋	－
施工水文地质勘察	＋＋	－	－	－	－	＋＋
注：＋＋表示宜做；＋表示可做；－表示可不做。						

10.2 示踪试验

10.2.1 示踪试验主要用于查明地下水的流速、流向、补给来源，地下水分水岭位置，地下水与地表水相互转换关系等。在水文地质条件复杂区，为查明岩溶水系统范围、岩溶管道分布及连通情况，宜开展示踪试验。

10.2.2 示踪试验一般采用对环境影响小、便于监测的人工示踪剂方法，常用示踪剂包括荧光素、工业盐、放射性同位素等，示踪剂的选择及投放剂量应慎重，宜根据场地条件、周边水源地分布情况、岩溶水开发利用及环保要求合理确定，在试验开始前应调查示踪剂本底值，同时向当地水务和环保等部门报备。

10.2.3 示踪剂的投放点应选择布置在与隧道相关的岩溶水系统内地下暗河入口、大型岩溶洼地、落水洞或岩溶水补给、径流区的钻孔。

10.2.4 示踪剂的接收点应选择布置在与隧道相关的岩溶水系统内地下暗河出口、岩溶大泉、岩溶水排泄区及揭露充水岩溶管道的钻孔。

10.2.5 连通性质的示踪试验可采用人工取样监测。

10.2.6 高精度示踪试验宜采用示踪仪实时监测，监测延续时间要求自出现峰值后至恢复本底值。

10.2.7 根据接收点的示踪剂浓度-时间（$c-t$）曲线，确定示踪剂投放点与接收点的连通情况。

10.2.8 若接收点检测到示踪剂浓度异常变化，可根据计算公式（1）～公式（4）确定地下水流速：
    a) 单峰曲线。

$$V_{\max}=\frac{L}{t_o} \quad\quad\quad\quad\quad\quad\quad\quad\quad\quad\quad\quad\quad\quad\quad\quad\quad\quad\quad (1)$$

$$\overline{V}=\frac{L}{t_m} \quad\quad\quad\quad\quad\quad\quad\quad\quad\quad\quad\quad\quad\quad\quad\quad\quad\quad\quad\quad (2)$$

式中：

$V_{\max}$——最大流速（m/s）；

$\overline{V}$——平均流速（m/s）；

L——试段长度（m）；

t_o——接收点示踪剂异常初现时间（s）；

t_m——接收点示踪剂高峰出现时间（s）。

b) 双峰曲线。一般认为双峰曲线可表示投放点与接收点之间有两条通道，常见的是高峰在前、低峰在后，说明主流的峰值浓度在前，为高峰；支流的峰值浓度在后，遭主流稀释，为低峰。

$$V_{\mathrm{M}}=\frac{L}{t_t} \quad\quad\quad\quad\quad\quad\quad\quad\quad\quad\quad\quad\quad\quad\quad\quad\quad\quad\quad\quad (3)$$

$$V_{\mathrm{T}}=\frac{L}{t_l} \quad\quad\quad\quad\quad\quad\quad\quad\quad\quad\quad\quad\quad\quad\quad\quad\quad\quad\quad\quad\quad (4)$$

式中：

V_{M}——主流通道的流速（m/s）；

V_{T}——支流通道的流速（m/s）；

L——试段长度（m）；

t_t——接收点示踪剂前高峰出现时间（s）；

t_l——接收点示踪剂后低峰出现时间（s）。

10.2.9 示踪试验资料编制应包括下列内容：

a) 绘制试验段（点）的水位、水温、水量、水质或试验指示剂浓度变化的历时曲线。

b) 结合区域水文地质资料，根据示踪剂浓度变化曲线的形态特征进行合理的水文地质解释与定量计算。

c) 绘制试验得出的地下水连通平面图或岩溶地下水水系分布图。

d) 简要文字总结，内容包括试验目的、试验部署、连通地段的水文地质条件、试验方法、试验结果分析等。

10.3 注水试验

10.3.1 当钻孔为干孔或地下水水位埋深较大，难以开展地下水抽水试验时，为获取岩溶含水层的渗透系数、给水度，可进行注水试验。

10.3.2 注水试验分为钻孔常水头注水试验和钻孔降水头注水试验两种。

10.3.3 钻孔常水头注水试验的方法与步骤应符合下列规定：

a) 注水前应测定孔内的静止水位。

b) 用流量箱连续向孔内注入清水，使管内水位升高到设计的高度后，应控制注水量，使水头、水量保持稳定。

c) 注水开始后，第 1 min、2 min、3 min、4 min、5 min、10 min、15 min、20 min、25 min、30 min 分别监测一次水位、水量，以后每隔 30 min 监测一次，至稳定后再延续 2 h～4 h 即可结束。

d) 注水试验结束后应立即监测钻孔中的水位下降,其时间间隔与注水试验相同,直至水位下降到静止水位;当水位下降缓慢到距静止水位 5 cm～10 cm 时,可停止监测。

e) 注水试验应进行 3 次水位升高,每次水位升高间距宜采用 2 m、4 m、6 m 或更大,不宜小于 1 m。

f) 注水量允许偏差为 $(Q_{max}-Q_{min})/Q_{cp}<10\%$ [Q_{max} 为最大注水量(L/s),Q_{min} 为最小注水量(L/s),Q_{cp} 为平均注水量(L/s)]。水头允许波动幅度为 ±1 cm。

10.3.4 钻孔降水头注水试验的方法与步骤如下:

a) 注水前应测定孔内的静止水位。

b) 向孔内注入清水,使孔内水位高出地下水水位一定高度或至孔口作为初始水头值,停止供水,开始记录孔内水位随时间变化的情况。

c) 孔内水位监测,开始监测时间间隔为 1 min,监测 5 次;然后间隔为 10 min,监测 3 次;后期监测时间间隔应根据水位下降速度确定,可按 30 min 间隔进行。采用自动水位计监测时,宜将仪器监测时间间隔设置为 1 min。

d) 应在现场采用半对数坐标绘制水头比与时间关系 $\ln(H_t/H_0 - t)$ 曲线 [H_t 为注水时间为 t 时的水头值(m),H_0 为注水试验的初始水头值(m)]。当 $\ln(H_t/H_0 - t)$ 曲线不呈直线时,应检查并重新进行试验。

e) 试验水头下降到初始试验水头的 30% 或连续监测点达到 10 个以上时,可结束试验。

10.3.5 注水试验成果包括钻孔位置图,水文地质综合柱状图,注水试验技术资料表,Q、H、t 间各种关系图表,渗透系数计算,原始记录表等。

10.4 抽水试验

10.4.1 当钻孔内存在稳定地下水水位且地下水水位埋深较浅时,为获取岩溶含水层的渗透系数、给水度,可进行抽水试验。

10.4.2 抽水试验包括非稳定流抽水试验和稳定流抽水试验,公路隧道岩溶水文地质勘察宜采用非稳定流抽水试验。

10.4.3 非稳定流抽水试验抽水孔的出水量应保持常量,变化幅度不大于 3%。

10.4.4 非稳定流抽水试验的延续时间应按承压水水位降深(s)[或潜水水位降深(Δh)]与时间(t)的关系曲线确定,并符合下列要求:

a) 当 s(或 Δh^2)-$\lg t$ 关系曲线有拐点时,则延续时间宜至拐点后的线段趋于水平。

b) 当 s(或 Δh^2)-$\lg t$ 关系曲线无拐点时,则延续时间宜根据试验目的确定。

c) 当有监测孔时,应采用最远监测孔的 s(或 Δh^2)-$\lg t$ 关系曲线。

d) 在承压含水层中抽水时,采用 $s - \lg t$ 关系曲线;在潜水含水层中抽水时,采用 $\Delta h^2 - \lg t$ 关系曲线。

10.4.5 非稳定流抽水试验时,应同步的监测动水位和出水量。监测时间宜按开始后的第 1 min、2 min、3 min、4 min、6 min、8 min、10 min、15 min、20 min、25 min、30 min、40 min、50 min、60 min、80 min、100 min、120 min 进行,以后可每隔 30 min 监测一次。动水位宜采用自动水位计进行连续监测。

10.4.6 稳定流抽水试验的水位降深次数应根据工程目的确定,宜进行 3 次降深,并符合下列规定:

a) 水位降深的最大值,潜水含水层宜接近含水层厚度(完整孔)或过滤器长度(非完整孔)的 1/2 深度处,承压含水层最大降深值不应低于含水层顶板。

b) 其余两次水位降深值，应分别为最大降深值的1/3和2/3。
c) 各次试验的水泵进水口位置应相同。
d) 当勘探孔的出水量较小或试验时出水量已达到极限时，水位降深次数宜不少于2次。

10.4.7 抽水试验稳定应符合下列规定：
a) 在抽水稳定延续时间内，出水量和动水位与时间关系曲线只在一定的范围内波动，且没有持续上升或下降的趋势。
b) 当水位降深小于10 m、用压风机抽水时，抽水孔动水位波动值不得超过20 cm；用离心泵、深井泵等抽水时，动水位波动值不得超过5 cm。
c) 一般情况下水位降深不应超过平均水位降深值的1%，出水量波动值不应超过平均出水量的3%。

10.4.8 抽水试验的稳定延续时间不小于24 h。

10.4.9 稳定流抽水试验时，动水位和出水量的同步监测时间，宜在抽水开始后的第5 min、10 min、15 min、20 min、25 min、30 min各测一次，以后每隔30 min或60 min测一次。水温和气温宜每隔2 h~4 h同步监测一次。

10.4.10 抽水试验成果包括钻孔位置图，水文地质综合柱状图，抽水试验技术资料表，Q、s、t间各种关系图表，渗透系数计算，原始记录表等。

10.5 压水试验

10.5.1 当钻孔钻进中发现冲洗介质突然消失或消耗量急剧增大时，可停钻进行压水试验，以获得岩溶强发育段围岩的渗透系数。

10.5.2 压水试验宜采用自上而下的分段压水方法，试验段宜为隧道顶板上方50m高程至钻孔底部。

10.5.3 试验段应符合下列规定：
a) 试段长度一般采用5 m，透水性较强的岩层和特殊孔段宜根据具体情况确定，但不得超过10 m。试段长度宜保持一致。
b) 同一试验段不宜跨越透水性相差悬殊的几种岩层。
c) 相邻试验段之间应相互衔接，少量重叠，不得漏段。当栓塞止水无效时，应将栓塞向上移动，但不宜超过上一试验段栓塞的位置。

10.5.4 压力阶段与压力值的确定应符合下列规定：
a) 压水试验宜采用3个压力阶段，即初始压力阶段、保持压力阶段与增压阶段。
b) 压水试验的总压力值应与设计水头大体相当。当设计水头低于30 m时，宜采用30 m垂直水柱的压力；当试验段漏水量过大而达不到预定压力时，可按实际能达到的最大压力值进行试验。各孔段试验压力值宜一致。
c) 压水试验的总压力值即作用于试验段的实际平均压力，宜采用测压仪测定。无测压仪时，可按下式计算：

$$P_0 = P_b + P_z - P_s \quad \cdots\cdots\cdots\cdots\cdots\cdots\cdots\cdots\cdots\cdots\cdots\cdots\cdots\cdots\cdots\cdots (5)$$

式中：
P_0——试验段的实际平均压力(MPa)；
P_b——压力表压力(MPa)；
P_z——压力表中心至压力计算零线的水柱垂直压力(MPa)；

P_s——压力损失（MPa）。

d) 压力计算零线的确定应符合下列规定：
   1) 地下水水位在试验段以下时，以通过试验段1/2处的水平线作为压力计算零线。
   2) 地下水水位在试验段以内时，以通过地下水水位以上试验段1/2处的水平线作为压力计算零线。
   3) 地下水水位在试验段以上，且属于试验段所在的含水层时，以地下水水位线作为压力计算零线。

e) 倾斜钻孔的水柱压力应进行换算。

f) 同一工程中试验总压力值宜一致。

10.5.5 压水试验应符合下列规定：

a) 试验前，应进行不少于20 min的试验性压水，其压力应为压水试验时的压力值。

b) 试验中试验压力应保持稳定。

c) 试验中，每10 min应监测一次压入流量；每一压力阶段在流量达到稳定后延续1.5 h～2.0 h即可结束；试验结束后绘制$Q-P_0$关系曲线，并及时检查压水试验的偏差。

d) 试验过程中，压入的水应采用水质较好的清水。

e) 试验过程中，应在流量监测的同时测定管外水位的变化，当发现有异常时，及时检查，分析原因，并立即采取措施。

f) 试验过程中，应对周边可能受到影响的坑、孔、井、泉以及沿裂隙渗出地表的水等进行监测。

10.5.6 压水试验的单位吸水量可按下式计算：

$$\omega = \frac{Q}{L \cdot P_0} \quad\quad\quad\quad\quad\quad\quad\quad\quad\quad (6)$$

式中：

ω——单位吸水量[L/(min·m^2)]；

Q——钻孔压水的稳定流量（L/min）；

P_0——压水试验段的实际平均压力（MPa）；

L——试段长度（m）。

10.5.7 压水试验成果资料包括钻孔位置图、水文地质综合柱状图、压水试验技术资料表、$Q-P_0$关系图表、渗透系数计算、原始记录表等。

10.6 微水试验

10.6.1 当含水层富水性弱，难以进行抽水试验或注水试验时，为获取岩溶含水层渗透系数，可开展微水试验。

10.6.2 微水试验主要采用定流量法进行微量抽水或注水。

10.6.3 微水试验应符合下列规定：

a) 试验前，应根据含水层位置、钻孔孔壁稳定情况，设置适当的过滤管，并洗孔，排出孔底的沉淀物。

b) 试验的方法及稳定标准如下：
   ① 单位时间内，抽（注）水次数应均匀。
   ② 水量每隔30 min测定一次，并计算出水量，水量波动范围为±10%。水位测量宜采用自动水位计进行连续监测，水位波动范围在10 cm～20 cm时，即为稳定。

③ 抽(注)水的延续时间,在水位、水量相对稳定后再抽(注)水 4 h 即可结束。
c) 试验结束后应进行水位恢复监测。

10.6.4 微水试验成果包括钻孔位置图、水文地质综合柱状图、微水试验技术资料表、渗透系数计算、原始记录表等。

10.7 放水试验

10.7.1 隧道施工时,为获取隧道周边岩溶含水层水文地质参数,可开展放水试验。

10.7.2 放水试验应符合下列规定:

a) 编制放水试验方案,确定试验各次降深值和放水量。放水量视施工隧道现有最大排水能力确定,原则上放水试验能影响到的监测孔应当有明显的水位降深。
b) 做好放水试验前的准备工作,固定人员,检验校正监测仪器和工具,检查排水设备能力和排水线路。
c) 放水前,在同一时间对监测孔和放水点的水位、水压、涌水量、水温和水质进行一次统测。
d) 根据具体情况确定放水试验的延续时间,延续时间应不少于 24 h。当涌水量、水位难以稳定时,试验延续时间一般不少于 10 d~15 d。
e) 放水孔的流量监测与监测孔的压力监测必须同步进行。开始一般按 30 min 步长监测,连续 3 h 后,监测步长可延长至 60 min,直至放水结束。
f) 放水过程中,必须随时绘制 $Q=f(s)$ 曲线,以便及时发现和纠正错误。

11 地下水动态监测

11.1 一般规定

11.1.1 公路隧道岩溶水文地质勘察宜在掌握历史降水特征的基础上,根据公路隧道岩溶水文地质条件复杂程度等级,选择一定数量的钻孔、岩溶泉、暗河等设置地下水动态监测站(点)进行地下水动态监测。必要时建立雨量监测站。

11.1.2 地下水动态监测宜包括水位、流量、水温、水质等项目。

11.1.3 地下水动态监测的时间应根据公路隧道岩溶水文地质条件复杂程度等级和周边环境合理确定。公路隧道岩溶水文地质条件复杂程度等级为中等或复杂的,监测时间不应少于 1 个水文年。地下水动态监测的时间步长应根据地下水动态和降水情况合理确定。

11.2 地下水动态监测方法

11.2.1 地下水动态水位监测方法应满足下列要求:

a) 人工监测。当采用人工监测时,用测绳、测钟等测具测量井口固定点至地下水水面铅直距离两次,当连续两次静水位测量数值之差的绝对值不大于 1 cm 时,将两次测量数值取均值记录。水位监测结果以米(m)为单位,记至小数点后两位。每次测水位时,应记录监测孔是否曾抽过水以及是否受到附近井抽水的影响。
b) 自动化监测。采用水位自动监测仪器,测量数据自动采集、自动存储,人员定期到现场进行数据回收和设备维护。水位自动监测仪器允许误差为±0.01 m。
c) 远程遥测。使用地下水自动监测仪器和数据自动传输装置,测量数据自动采集、自动存储,并通过无线网络将数据自动传输到指定设备。

11.2.2 水量监测方法应满足下列要求：
  a) 生产井水量监测可采用水表法或流量计法。
  b) 自流水和泉水水量监测可采用堰测法或流速仪法。当采用堰测法或孔板流量计进行水量监测时，固定标尺读数应精确到毫米。
  c) 水量监测结果（m^3/s）记至小数点后两位。

11.2.3 水温监测方法应满足下列要求：
  a) 人工监测。手工法测水温时，深水水温用电阻温度计、数显水温仪或颠倒温度计测量，水温计应放置在地下水水面以下 1 m 处，静置 10 min 后读数。当连续两次测值之差不大于 0.4 ℃时，取均值记录。水温监测结果（℃）记至小数点后一位。同一监测点应采用同一个温度计进行测量。
  b) 自动监测。有条件的地区，可采用自动测温仪测量水温，对水位水温进行连续自动监测。自动测温仪探头位置应放在最低水位以下 3 m 处。

11.3 地下水动态监测频率

11.3.1 地下水动态监测频率一般不小于 5 d/次。

11.3.2 暴雨时段以小时为步长进行监测，宜采用自动监测。

11.4 资料整理

11.4.1 监测资料应按要求及时整理成图表，并进行综合分析。

11.4.2 监测资料成果整编、成果审查验收、成果归档应符合《地下水监测工程技术标准》(GB/T 51040)的有关要求。

12 水文地质参数计算

12.1 一般规定

12.1.1 水文地质参数主要有渗透系数、给水度、释水系数及降水入渗系数等。

12.1.2 水文地质参数的计算应在分析工程地区水文地质条件的基础上，合理地选用计算方法。

12.1.3 在进行潜水含水层的水文地质参数计算时，采用监测孔资料时，其使用范围应限制在抽水孔水位下降漏斗坡度小于 1/4 处。

12.2 渗透系数

12.2.1 采用单孔稳定流抽水试验，利用抽水孔水位下降资料计算渗透系数时，可采用附录 D 中公式(D.1)~公式(D.7)计算。

12.2.2 采用单孔稳定流抽水试验，利用监测孔中的水位下降资料计算渗透系数时，监测孔中的 s（或 Δh^2）值在 s（或 Δh^2）-$\lg r$（r 为过滤器半径）关系曲线上能连成直线，可采用附录 D 中公式(D.8)和公式(D.9)计算。

12.2.3 采用单孔非稳定流抽水试验，在没有越流补给的条件下利用抽水孔或监测孔中的水位下降资料计算渗透系数时，可采用附录 D 中公式(D.10)~公式(D.17)计算。

12.2.4 采用单孔非稳定流抽水试验，在有越流补给（不考虑弱透水层水的释放）的条件下利用 s-$\lg t$ 关系曲线上拐点处的斜率计算渗透系数时，可采用附录 D 中公式(D.18)计算。

12.2.5 当采用稳定流抽水试验或非稳定流抽水试验,利用停抽后(抽水孔或监测孔)的水位恢复资料计算渗透系数时,可采用附录 D 中公式(D.19)和公式(D.20)计算。

12.2.6 当利用同位素示踪测井资料计算渗透系数时,应按附录 D 中公式(D.21)和公式(D.22)计算。

12.2.7 当采用单孔稳定流抽水试验,利用抽水孔水位下降资料计算渗透系数时,可采用附录 D 中公式(D.23)~公式(D.25)计算。

12.2.8 当利用压水或注水试验资料计算渗透系数时,宜根据试验段与地下水水位的关系选择不同的公式,详见附录 D 中公式(D.26)。

12.2.9 当利用钻孔注水试验资料计算渗透系数时,应根据注水方式以及试验段与地下水水位的关系选择适合的计算方法。当选择钻孔常水头注水试验、试验段位于地下水水位以下时,可选择附录 D 中公式(D.27)计算;当试验段位于地下水水位以上时,可选择公式(D.28)计算;当选择降水头注水试验时,宜按照公式(D.29)计算。

12.2.10 当利用钻孔微水试验资料计算渗透系数时,当动水位和出水量未达到稳定要求但接近稳定时,可按附录 D 中公式(D.30)计算;当钻孔停止抽(注)水后,降落曲线逐渐恢复,可按照公式(D.31)计算。

12.3 给水度和释水系数

12.3.1 潜水含水层的给水度和承压含水层的释水系数,可利用单孔非稳定流抽水试验监测孔的水位降深资料确定,也可采用单孔稳定流抽水试验或室内试验方法确定。

12.3.2 当采用稳定流抽水试验方法时,对于潜水含水层完整孔,可按照附录 D 中公式(D.32)计算,承压含水层完整孔宜按公式(D.33)计算。

12.4 降水入渗系数

12.4.1 在有地下水水位监测资料时,利用降水过程前后的地下水水位监测资料计算潜水含水层的降水入渗系数时,可采用附录 D 中公式(D.34)计算。

12.4.2 利用径流、蒸发和降水监测资料计算降水入渗系数时,宜按附录 D 中公式(D.35)计算。

12.4.3 在没有地下水水位监测资料时,可通过岩溶泉降水-流量监测资料计算降水入渗系数,既可采用岩溶水系统的年排泄量和年均降水量计算,也可通过对多场降水过程的监测计算,具体计算方法和计算公式可参考附录 D 中公式(D.36)~公式(D.39)。

13 岩溶水文地质评价

13.1 一般规定

13.1.1 初步水文地质勘察阶段和详细水文地质勘察阶段应开展岩溶水文地质评价工作,内容包括隧道涌水量计算、隧道水压力荷载计算、岩溶危险性评价、岩溶环境影响评价。

13.1.2 施工水文地质勘察阶段宜进行安全岩盘厚度计算,提出岩溶水文地质问题处治建议。

13.2 隧道涌水量计算

13.2.1 根据区域地质和综合勘察资料,分析岩溶水系统特征及其与隧道的空间关系,判断隧道所处的岩溶水系统水动力垂直分带(垂向渗流带、季节变动带、饱水带,其中饱水带又分为水平径流带、深部缓流带)与水平分区(补给区、径流区、排泄区),进行隧道岩溶水文地质条件复杂程度等级划分。

13.2.2 应分段评价隧道水文地质条件,预测可能发生集中涌水点、段的位置。

13.2.3 隧道涌水量计算应结合水文地质条件、岩溶水系统特征及其与隧道的空间关系,合理选用与水文地质条件和资料掌握程度相匹配的隧道涌水量计算方法进行综合评价。

13.2.4 隧道涌水量计算方法主要包括水均衡法、地下水动力学法、水文地质比拟法、集总式水文模型法、相关分析法、数值模拟法等。不同勘察阶段可依据表10选用计算方法,计算方法的适用条件与应用说明详见附录 E。

表 10 不同勘察阶段适用的隧道涌水量计算方法

勘察阶段	水均衡法	地下水动力学法	水文地质比拟法	集总式水文模型法	相关分析法	数值模拟法
工可水文地质勘察阶段	++	+	+	—	—	—
初步水文地质勘察阶段	++	+	+	—	—	—
详细水文地质勘察阶段	++	+	+	+	—	+
施工水文地质勘察阶段	++	+	+	+	+	+

注:++表示宜选;+表示可选;—表示不宜选。

13.2.5 岩溶隧道突水、涌水类型可分为裂隙型、断层型、溶洞溶腔型和暗河型等。按涌(突)水形式可分为岩溶涌水、岩溶突水;按涌水状态可分为渗水、滴水、线流、股状流水、管道流;按涌水动态变化特点可分为水文型、稳定型、突发型;按承压状态可分为承压涌水型、有压涌水型、无压涌水型。不同突水、涌水类型的涌水量计算可参考附录 E 表 E.1 选用适用的计算方法,计算方法的适用条件与应用说明详见附录 E。

13.3 隧道水压力计算

13.3.1 具备形成高水头条件的岩溶发育段应考虑水压荷载的作用,水压荷载应以暴雨时可能形成的最大水头为基础条件综合分析确定。岩溶水文地质条件复杂地段或位于地下水水位以下且埋深较大的隧道,应实测外水压力值。

13.3.2 岩溶水压力荷载一般情况下可采用径向均布荷载计算,当岩溶水以管道形式集中在一侧形成水头时,可综合分析确定岩溶水荷载的分布形式。岩溶水压力荷载定量分析较为困难时,宜结合流场定性分析和工程经验综合分析确定。

13.3.3 抗水压复合式衬砌的水压荷载宜根据隧道裸露围岩在暴雨后形成的出水状态、隧道排水系统排水能力、深孔泄水等情况综合确定。

13.3.4 运营期抗水压复合式衬砌的水压荷载应由二次衬砌承担,施工期初期支护的水压荷载应结合临时排水条件、排水系统排水能力及工程经验综合分析确定。运营期抗水压复合式衬砌二次衬砌的水压力荷载可按照式(7)计算,水压力折减系数可按表11取值。

$$P_w = \beta \gamma_w H \quad \quad \quad (7)$$

式中:
P_w——水压力荷载标准值(kPa);
γ_w——水的重度(kN/m³);

H——作用水头(m);
β——折减系数。

表 11 水压力折减系数

隧道围岩岩溶出水形态	围岩破碎程度	围岩加固隔水圈	折减系数
岩溶地下水主管道离隧道较远,呈现溶隙或溶孔涌流、裂隙渗流状态	完整及较完整	完整或加固隔水岩盘≥8 m	0～0.2
		完整或加固隔水岩盘＜8 m	0.2～0.4
	较破碎、破碎、极破碎	加固隔水圈≥8 m	0.2～0.4
		加固隔水圈＜8 m	0.4～0.6
岩溶主管道离隧道较远,支管道、溶蚀裂隙或溶蚀宽缝离隧道较近或与隧道相交,地下水呈现涌流状态	完整及较完整	完整或加固隔水岩盘≥8 m	0.2～0.4
		完整或加固隔水岩盘＜8 m	0.4～0.6
	较破碎、破碎、极破碎	加固或堵塞后隔水圈≥8 m	0.4～0.6
		有效隔水圈＜8 m	0.6～0.8
岩溶地下水过水主通道溶蚀宽缝或大型溶洞涌水	岩溶填充物填充	加固或堵塞后隔水圈≥5 m	0.7～0.9
		有效隔水圈＜5 m	0.9～1.0
	无岩溶填充物或局部岩溶填充物填充		1.0
注1:没有采取加固措施的管道流折减系数宜取1.0。			
注2:水文条件较复杂时,宜结合流场分析综合确定。			

13.4 岩溶危险性评价

13.4.1 公路隧道岩溶地质灾害危险性评估主要包括隧道突水、涌水与隧道遇地下洞穴时悬空、隧道顶部溶洞填充物塌陷以及隧道基底、洞穴顶板塌陷等问题,其中以隧道岩溶突水、涌水问题最为严重。

13.4.2 地质灾害危险性评估主要采用工程地质比拟法、成因历史分析法、层次分析法、数字统计法、模糊综合评价法等定性与半定量方法。层次分析法评价隧道岩溶突水、涌水易发性可参考附录G。

13.5 岩溶环境影响评价

13.5.1 应评价隧道工程建设对当地水环境可能造成的不良影响,提出工程措施建议,评价隧道施工导致地下水水位下降对周边环境的影响程度、范围,提出处治措施建议。

  a) 评价与隧道工程建设相关的地面塌陷、泉水疏干等环境问题的分布位置、范围、动态、程度,产生的原因和影响因素,与水文地质条件的关系,造成的主要危害,治理的有利与不利条件,治理对策与措施。

  b) 评价隧道建设对岩溶水质、水量动态的影响。

13.5.2 在被第四系覆盖的岩溶区,应调查是否存在土洞和塌陷,评价土洞和塌陷发育的原因,及地下水水位升降、人工降水对土洞塌陷的影响,并预测今后的趋势和对隧道工程的影响。

13.6 安全岩盘厚度的计算

13.6.1 在隧道开挖施工中,如前方存在高压富水溶洞时,应根据溶洞发育特征以及隧道的工程地质条件,确定隧道掌子面与富水溶洞间岩盘的安全距离,即安全岩盘厚度,进而采取合理的工程措施对富水溶洞进行处理。

13.6.2 安全岩盘厚度工程类比计算法。安全岩盘厚度与岩体完整程度、水压力、洞室断面尺寸等密切相关,可按下式计算:

$$d = \frac{P_w \cdot D}{4\tau} \quad \quad \quad \quad (8)$$

式中:
d——安全岩盘厚度(m);
P_w——水压力(MPa);
D——洞室断面等效直径(m);
τ——岩体抗剪强度(MPa)。

13.6.3 安全岩盘厚度极限剪切强度算法。考虑安全岩盘临界失稳时达到极限抗剪强度,剪切面为隧道断面向溶腔的延伸面,在不同隧道类型和不同岩体完整程度的基础上,可按下式计算不同水压力下的安全岩盘厚度:

$$d = \frac{P_w \cdot S}{\tau L_H} \quad \quad \quad \quad (9)$$

式中:
S——开挖断面面积(m^2);
L_H——与溶洞平行隧道临空面长度(m)。

13.6.4 安全岩盘厚度数值模拟预测分析。隧道开挖施工过程对围岩的应力、变形和损伤等作用复杂,特别是前方存在富水溶洞时,隧道施工引起的岩体应力-应变状态的变化更为复杂,可采用数值模拟方法预测岩溶隧道的安全岩盘厚度。

13.7 岩溶水文地质问题处治

13.7.1 应根据岩溶隧道可能发生地质灾害的类型、特点、发生部位及危险性,采取有针对性的工程防治措施。

13.7.2 考虑岩溶类型、填充情况、地下水流量、水压力等,岩溶隧道的主要危害形式有岩溶洞穴、岩溶裂隙、岩溶管道、大型溶洞、地下暗河五大类型,每种类型相应处治措施可参考附录 H。

14 专项公路隧道岩溶水文地质勘察报告编制

14.1 一般规定

14.1.1 岩溶水文地质条件复杂程度为简单的公路隧道,水文地质勘察成果可与隧道工程地质勘察报告合并编制;岩溶水文地质条件复杂程度为中等或复杂的公路隧道,宜编制专项公路隧道岩溶水文地质勘察报告。

14.1.2 专项公路隧道岩溶水文地质勘察报告包括文字报告、附图、附表及附件等。

14.1.3 专项公路隧道岩溶水文地质勘察报告应充分利用勘察取得的各项地质资料,在综合分析的基础上进行编制。

14.2 文字报告要求

专项公路隧道岩溶水文地质勘察文字报告应包括下列内容：
a) 工程概况。
b) 工作概况。勘察工作的目的与任务及内容、勘察依据与执行的技术标准、勘察方法及勘察工作量布置情况、质量要求、完成的勘察工作量、评审意见与执行情况等。
c) 自然地理概况。项目所处的地理位置、气象、水文、交通条件、植被及隧址区周边人类生产活动和经济概况等。
d) 区域工程地质、水文地质条件。地形地貌，地层岩性，地质构造，新构造运动，地震，地下水类型及富水性，地下水补给、径流、排泄条件等水文地质条件等。
e) 室内外测试、试验方法。
f) 岩溶发育规律。可溶岩的层组、岩性年代及其分布特征，岩溶发育层位，岩溶形态及地貌特征，岩溶发育因素、发育规律、发育阶段及发育强度，岩溶发育史以及不同时期发育岩溶的相互关系，不同期次岩溶侵蚀基准面的分布高程，不良地质及主要环境工程地质问题等。
g) 岩溶水文地质条件与复杂等级划分。含水岩组及富水性、充水类型划分，含水层的层位、分布、厚度、水位特征、富水性及富水部位、地下水类型等地下水的赋存规律，岩溶或裂隙-岩溶含水层(体)的范围及其各项水文地质特征、动态变化、富水部位，与其他含水层或与地表水间的联系，岩溶水系统特征，地质构造及岩溶对地下水的控制作用，地下水水质，水文地质单元划分及各单元间相互关系等。
h) 岩溶水文地质评价。水文地质勘探、试验和计算评价，隧道涌水量预测、外水压力计算、岩溶危险性评价、安全岩盘厚度的计算、岩溶水文地质问题处治建议等，地表水、地下水对隧道施工的影响及隧道涌水、突水、突泥对施工的影响与防治，隧道施工对周边地表水、地下水水文地质条件和环境的影响评价，隧道废水及排水对隧址区环境生态的影响评价。
i) 岩溶地质灾害预测预防及环境保护。应根据工程实际及周边环境资料，明确与岩溶水文地质条件有关的危险性工程类型、规模，说明岩溶水文地质条件可能造成的工程风险，评价隧道岩溶突水、涌水易发性，提出施工阶段针对性的防范措施，对新构造运动与地震对隧道工程岩溶灾害的相关关系作出评估。
j) 施工阶段的水文地质勘察报告还应进行安全岩盘厚度计算，提出岩溶水文地质问题处治建议。
k) 结论与建议。①结论应明确隧址区各含水岩组，特别是岩溶含水岩组的富水性、各含水岩组之间的水力联系及其与隧道工程的空间关系，公路隧道岩溶水文地质条件的复杂等级；②根据隧道所处的水文地质、工程地质条件分段计算涌水量；③评价地下水对隧道施工的影响程度，并提出施工建议；④明确地质构造的阻水性、导水性；⑤明确地下水对混凝土及其中钢筋的腐蚀性；⑥明确隧道施工排水对周边地表水、地下水水文地质条件和环境的影响程度；⑦初步设计阶段应根据水文地质条件，对路线的比选方案提出建议；⑧施工图设计阶段应对隧道施工排水、地下水的利用及环境保护提出建议；⑨对超前地质预报工作提出建议，采取物探结合施工探孔进一步加强隐伏溶洞与岩溶水的探测，加强监测预案。

14.3 图件、附表及附件要求

14.3.1 公路隧道岩溶水文地质勘察图件可按表12编制。

表 12 公路隧道岩溶水文地质勘察图件编制项目

序号	图件名称		比例	编制要求
1	隧道工程地质平面图		1:2 000	○
2	隧道工程地质纵断面图	横	1:5 000~1:500	○
		竖	1:5 000~1:200	
3	隧道区域地质构造图		1:50 000~1:5 000	△
4	综合岩溶水文地质平面图		1:50 000~1:2 000（重点区段1:2 000~1:500）	○
5	水文地质纵断面图	横	1:50 000~1:1 000	○
		竖	1:1 000~1:200	
6	水文地质横断面图	横	1:5 000~1:500	△
		竖	1:500~1:50	
7	水文地质综合柱状图			△
8	水文地质试验综合成果图			△
9	水文地质调查实际材料图		1:50 000~1:1 000	○
10	岩溶洞穴平面示意图及纵、横断面图			△

注1：○为必须编制；△为必要时编制。
注2：第4、5、6、7项可与工程地质图合并编制。
注3：第8项为进行水文地质试验时应编制的图件。

14.3.2 公路隧道岩溶水文地质勘察图件、附表、插表、附件和附照包括下列内容：
    a) 水文地质试验综合成果资料。
    b) 岩石、土工和水质分析试验成果资料。
    c) 地层柱状图及实测断面图。
    d) 抽水、注（压）水试验成果表。
    e) 地下水动态监测成果表。
    f) 水文地质物探报告、测井资料及相关图件，物探成果图可与地质纵断面图合并。
    g) 水文地质遥感（航片、卫片等）解译成果图表。
    h) 重要工程图件、工作照片、水文点和地质灾害图件。

15 标准实施及评价

15.1 结合实际，认真做好标准实施准备，包括标准实施的方案准备、组织准备、知识准备、手段准备和物质准备等。

15.2 制定标准实施方案。明确适用对象和场景、提供实施必备条件和保障（组织、制度、资金、人员和设备仪器等）、推荐方法路径，确定资源要素配置、关键环节和控制点，提出标准实施中的注意事项。

15.3 针对相关方和具体对象进行标准宣贯和培训，结合标准要求，落实责任制，做到横向到边、纵向到底。

15.4 标准实施主要在场地建设过程和后期使用过程等活动中开展。标准实施的重点是落实国家环境保护、健康、安全的要求；落实场地原材料及生产商合格评定、施工、场地合格评定、场地可持续性合格评定和维护管理等技术要求。

15.5 标准实施的检查主要是检查标准实施方案的落实情况，需要逐条检查标准实施内容的落实，并记录未实施内容的理由或原因。标准实施检查也要检查标准实施的支持手段和物质条件的落实情况。做好标准实施验证记录，畅通标准实施信息采集的方式方法和反馈渠道，定期整理并处理收集到的意见建议。对标准实施评价的基本依据是《中华人民共和国标准化法》等。

15.6 在标准实施一定时间后，对照标准实施方案，开展标准实施效果评价分析，总结实施经验成效，梳理存在的薄弱环节，标准实施的评价主要评价标准实施的效果，从技术进步、质量水平提高、客户满意度、规范秩序、效率提高、节约费用、节省时间、履行社会责任等方面进行有益性评价，同时还要评价标准实施带来的问题，以便为之后改进提供参考。

15.7 适时向专业标准化技术委员会和标准归口管理单位反馈情况，提出标准推广、修改、补充、完善或者废止等意见建议。

15.8 湖北省地方标准实施信息及意见反馈表相关示例见附录I。

附 录 A
（资料性附录）
湖北省岩溶水文地质条件简介

A.1 地层岩性

湖北省基岩分区说明如下。
a) Ⅰ 以碳酸盐岩为主区（鄂西南、鄂西、神农架、鄂东南）。
   主要岩性：灰岩、泥灰岩、灰岩夹硅质岩、含膏盐岩等。
   工程地质特征：岩溶现象。
b) Ⅱ 以碎屑岩为主区（鄂东南、鄂西、鄂西南、鄂西北、武汉市）。
   1) Ⅱ-1 硬质碎屑岩亚区。
      主要岩性：砾岩、砂岩、石英岩等。
      工程地质特征：软弱夹层、顺向坡、节理裂隙面、临空面导致的滑移问题。
   2) Ⅱ-2 软质碎屑岩亚区。
      主要岩性：黏土岩、泥岩、页岩、板岩、煤层等。
      工程地质特征：遇水软化、泥化、崩解特性和风干后碎裂特性，顺向坡滑移。
c) Ⅲ 以岩浆岩为主区。
   1) Ⅲ-1 侵入岩亚区（鄂东北、大别山区、神农架）。
      主要岩性：花岗岩、闪长岩、辉绿岩、橄岩、石正长岩等。
      主要工程地质特征：囊状风化（球状风化）以及构造剥蚀作用形成的深切沟谷等。
   2) Ⅲ-2 喷出岩亚区（鄂东、鄂东南）。
      主要岩性：玄武岩、流纹岩、安山岩、火山碎岩等。
      主要工程地质特征：分布不均匀性和成分不均匀性，大型喷出岩场地软弱结构面（接触带）滑移和崩塌。
d) Ⅳ 以变质岩为主区。
   1) Ⅳ-1 以片岩、片麻岩为主亚区（鄂西北、桐柏山区、大洪山区、大别山区）。
      主要工程地质特征：沿片理面或片麻构造面的滑移和崩塌，尤以花岗片麻岩为甚，风化作用沿构造裂隙面延伸较深。
   2) Ⅳ-2 以白云岩为主亚区（鄂东南、神农架、鄂西南）。
      按以碳酸盐岩为主区（Ⅰ）开展工程地质工作。

A.2 地质构造

A.2.1 湖北省地跨秦岭褶皱系、扬子准地台两个一级大地构造单元。在大地构造性质上，扬子准地台南北边缘具有地台向地槽过渡的特征。

A.2.2 湖北省地质构造演化经历了多旋回阶段的发展。古元古代形成了早期陆壳；中元古代地壳的裂陷作用致使陆壳解体，分化为稳定地块、优地槽和冒地槽；经神农、花山运动，扬子准地台逐步形成,并与秦岭区一起构成中国地台的一部分;古生代初期统一地台分裂,形成秦岭新生地槽与扬子准地台并存发展的构造图式;印支运动后,全区地壳隆起,成为滨太平洋大陆边缘活动带的组成部分。

A.2.3 湖北省不同时期、不同规模、不同方向的断裂发育,构成有规律的网络状图式。断裂有北西向、东西向、北北东向、北东向、北北西向及南北向6组。湖北省大地构造单元划分如图 A.1 所示。

A.3 地下水类型

A.3.1 概述

根据地下水赋存的含水层介质、储存和运移空间形态特征,湖北省地下水基本可归结为松散岩类孔隙水、碎屑岩类孔隙裂隙水、碳酸盐岩类裂隙岩溶水、碳酸盐岩夹碎屑岩类岩溶裂隙水、岩浆岩类裂隙水、变质岩类裂隙水六大类。湖北省岩溶水文地质如图 A.2 所示。

A.3.2 松散岩类孔隙水

松散岩类以孔隙承压水为主的含水岩组主要分布在平原和岗地区,以第四系砂、砂砾石组成含水介质,其上部一般有厚 5 m～25 m 的黏性土,江汉平原区含水层厚度在 100 m～110 m 之间,汉江两岸含水层厚度在 10 m～15 m 之间,老河口至谷城一带含水层厚度在 8 m～11 m 之间,唐白河两岸含水层厚度在 6 m～24 m 之间,是平原区内的主要供水层位。

孔隙承压水上有一孔隙潜水含水岩组,厚度数十厘米至十几米不等,由粉土、粉砂或黏性土(耕植土)组成,该层沿江河分布时对岸坡稳定性会产生不良影响。

A.3.3 碎屑岩类孔隙裂隙水

该含水岩组主要分布在平原边缘,由白垩系(K)—古近系(R)或新近系(N)砂岩、砂砾岩组成含水介质,富水性中等至较贫乏,而分布在平原内埋藏于第四系下部的新近系(N)砂岩、砂砾岩含水层,局部富水性较丰富,是平原区内饮用天然矿泉水的主要供水层位。

A.3.4 碳酸盐岩类裂隙岩溶水

该含水岩组由碳酸盐岩类的灰岩、白云岩等组成,广泛分布在鄂西、鄂西南、鄂西北、大洪山及鄂东南等地区。由于岩溶发育程度差异极大,该含水岩组地下水贫富悬殊,岩溶发育处地下暗河、岩溶泉随处可见,地下水丰富至极丰富;而岩溶不发育地段地下水量贫乏。该含水岩组分布区因岩溶发育,岩溶塌陷时有发生。

A.3.5 碳酸盐岩夹碎屑岩类岩溶裂隙水

该含水岩组主要由灰岩、白云岩夹硅质岩、砂页岩组成,主要分布在鄂西北地区的保康、兴山、远安,鄂东南地区的嘉鱼、黄石一线以南地区及大洪山大部分地区,水量中等至贫乏,鄂西地区水量丰富,其他地区水量较少。

A.3.6 岩浆岩类裂隙水

该含水岩组由片麻岩、花岗岩等组成,主要分布在鄂东北地区。

A.3.7 变质岩类裂隙水

该含水岩组由元古宇片岩组成,主要分布在鄂西北地区,地下水量贫乏。

A.4 公路隧道岩溶突水、涌水中至高易发性区

A.4.1 概述

湖北省公路隧道岩溶突水、涌水易发性分区如图 A.3 所示。

A.4.2 公路隧道岩溶突水、涌水高易发性区

A.4.2.1 公路隧道岩溶突水、涌水高易发性区主要分布在鄂西南和鄂西地区。

A.4.2.2 鄂西南地区包括恩施州和宜昌市五峰县、长阳县及秭归县南部,鄂西地区包括宜昌市长江以北、神农架林区、荆门市北部和襄阳市西南部。区内碳酸盐岩裸露,岩溶形态发育齐全,是湖北省岩溶发育最强烈的地区。

A.4.3 公路隧道岩溶突水、涌水中易发性区

A.4.3.1 公路隧道岩溶突水、涌水中易发性区主要分布在大洪山、鄂东南和鄂西北地区。

A.4.3.2 大洪山、鄂东南地区主要包括大洪山地区的京山市、钟祥市和鄂东南地区的咸宁市、黄石市及武汉市的部分地区。区内岩溶地下水包括裸露型与埋藏（覆盖）型二类,裸露型区地下水主要以泉的形式泄出地表,地下河少见,地下水主要富集于断裂带、向斜谷地、背斜转折端及岩溶含水岩层与非可溶岩层接触带等部位。

A.4.3.3 鄂西北地区主要指郧阳区、郧西县北部一带。泉点常出露在断裂带、碳酸盐岩与非可溶岩接触带、向斜谷地及沟谷两侧等部位。

A.5 碳酸盐岩岩溶地层划分

A.5.1 岩溶强发育地层

a) 三叠系:下三叠统大冶组(T_1d)、嘉陵江组(T_1j);
b) 二叠系:中二叠统栖霞组(P_2q)、茅口组(P_2m);
c) 奥陶系:下奥陶统南津关组(O_1n)、红花园组(O_1h);
d) 寒武系:下寒武统石龙洞组(ϵ_1sl)、上寒武统娄山关群(ϵ_3l);
e) 震旦系:上震旦统灯影组(Z_2d)。

A.5.2 岩溶中等发育地层

a) 二叠系:下二叠统船山组(P_1c);
b) 石炭系:上石炭统大埔组(C_2d)、黄龙组(C_2h);
c) 寒武系:下寒武统天河板组(ϵ_1th),中寒武统覃家庙组(ϵ_2q)、高台组(ϵ_2g);
d) 震旦系:下震旦统陡山沱组(Z_1d)。

A.5.3 岩溶弱发育地层

a) 白垩系:上白垩统罗镜滩组(K_2l);
b) 二叠系:中二叠统孤峰组(P_2g),上二叠统龙潭组(P_3l)、下窑组(P_3x)、吴家坪组(P_3w)、大隆组(P_3d);

c) 石炭系：下石炭统金陵组（C_1j）、和州组（C_1h）;
d) 奥陶系：下—中奥陶统大湾组（$O_{1-2}d$）、中奥陶统牯牛潭组（O_2g）、中—上奥陶统庙坡组（$O_{2-3}m$）、上奥陶统宝塔组（O_3b）;
e) 寒武系：下寒武统牛蹄塘组（ϵ_1n）。

A.6 碳酸盐岩岩溶工程地质岩组划分

A.6.1 概述

湖北省碳酸盐岩广泛分布于鄂西南、鄂西、鄂东南、大洪山及郧阳区以北地区，由于地层岩性、地质构造、地形地貌、水文气象及自然区的差异，岩溶化程度差异大。

A.6.2 坚硬厚层状强岩溶化岩组

该岩组广泛分布于鄂西、鄂西南地区，京山市西南及鄂东南地区分布亦较广泛，主要为石灰岩、白云质灰岩，岩溶化程度高。地层包括下奥陶统（O_1）、下三叠统＋中三叠统（T_1+T_2）、上石炭统（C_2）。

A.6.3 坚硬较坚硬中至厚层状强至中等岩溶化灰岩泥质灰岩夹软质页岩岩组

该岩组主要分布于郧阳区、郧西县北部神农架林区、大洪山地区，鄂西南、鄂东南地区亦有分布。地层包括上震旦统＋下寒武统（$Z_2+\epsilon_1$）、下二叠统（P_1）、中二叠统（P_2）、下—中二叠统（P_{1-2}）、中元古界（Pt_2）、中奥陶统—上奥陶统、下志留统（$O_2—O_3S_1$）、上震旦统（Z_2）。

A.6.4 坚硬中至厚层状中等岩溶化灰岩与厚层状石英砂岩互层岩组

该岩组主要分布于钟祥市、京山市一带，巴东县南部、建始县、恩施市、宣恩县、鹤峰县和五峰县西北部、长阳县都镇湾、宜昌松木坪等地区，武汉市汉南区至江夏区一带、黄石市、大冶市亦有分布。地层包括下泥盆统＋中泥盆统（D_1+D_2）、中—上泥盆统（D_{2-3}）、中泥盆统—上石炭统（$D_2—C_2$）、中泥盆统＋上石炭统（D_2+C_2）、上泥盆统—上石炭统（D_3+C_2）。

A.6.5 较坚硬薄层至中厚层状弱岩溶化含泥质碳酸盐岩与软质页岩泥岩粉砂岩互层岩组

该岩组分布于郧西县西北部，神农架林区西北部，鄂西南地区的利川市、恩施市、咸丰县、宣恩县、鹤峰县、长阳县，鄂西地区的巴东县、秭归县、远安县，大洪山，鄂东南崇阳县、通山县等地区。地层包括下寒武统（ϵ_1）、中寒武统（ϵ_2）、上寒武统（ϵ_3）、寒武系—下奥陶统（$\epsilon—O_1$）、南华系（N）、中—上泥盆统（D_{2-3}）、中三叠统巴东组（T_2b）。

A.6.6 较坚硬薄至中厚层状弱岩溶化含泥质碳酸盐岩夹板岩岩组

该岩组分布于郧西县西南部、郧阳区北部、竹溪县西南部、竹山县西北部、丹江口市北部及随州市西南部地区。地层包括下寒武统（ϵ_1）、下寒武统—上奥陶统（$\epsilon_1—O_1$）、上寒武统—上奥陶统（$\epsilon_3—O_1$）、下寒武统＋下石炭统、下奥陶统（ϵ_1+C_1、O_1）、下—中寒武统（ϵ_{1-2}）、上震旦统（Z_2）、上震旦统—上奥陶统（$Z_2—O_3$）、中—上寒武统（ϵ_{2-3}）。

附 录 B
（资料性附录）
岩溶水文地质调查记录表

B.1 岩溶、地质点野外调查表见表B.1。

表 B.1 岩溶、地质点野外调查表

统一编号			野外编号			类型		
地理位置		省　　市　　区(县级市、县)　　乡(镇)　　村(自然村)　　(方位)　　m						
图幅	名称		经纬度	E:　　;N:				
	编号		坐标	X:　　;Y:　　;Z:				
	比例尺		地层代号			地层产状		
地层岩性								
地质构造								
地形地貌								
岩溶现象								
平面、断面示意图								
照片								
备注								
调查:　　　　记录:　　　　审核:　　　　　　　　　　日期:　　年 月 日								

B.2 岩溶洞穴野外测量表见表 B.2。

表 B.2 岩溶洞穴野外测量表

统一编号		野外编号		名称				
地理位置		省　　市　　区(县级市、县)　　乡(镇)　　村(自然村)　　(方位)　　m						
图幅名称		比例尺			经纬度	E:　　;N:		
图幅编号		坐标	X:　　;Y:　　;Z:					
导线编号		后视	斜长/m	方向/(°)	倾角/(°)	左宽/m	右宽/m	顶高/m	底高/m
从	至								

调查:　　　　记录:　　　　审核:　　　　调查日期:　年　月　日

B.3 岩溶洞穴野外调查表见表 B.3。

表 B.3 岩溶洞穴野外调查表

统一编号		野外编号		名 称			
地理位置	省	市	区(县级市、县)	乡(镇)	村(自然村)	(方位)	m
图幅名称		比例尺		经纬度	E:	;N:	
图幅编号		坐标	X:	;Y:	;Z:		
天气		湿度/%		温度/℃		相对高程/m	
洞口形状		洞口大小	高/m:		地貌类型		
洞口朝向			宽/m:		洞穴利用		
地层及岩性:							
构造部位:							
地貌位置:							
水文地质、工程地质条件简述:							
洞穴描述:							
摄影、摄像记录:							
使用装备:							
调查背景:							

续表 B.3

洞口规模	长度/m		宽度/m		高度/m		底面积/m²	
	体积/m³		支洞数		形状			
洞穴水文	地下河（流速、流量）、泉水（流量）、池水、滴水（速度、水量）及其温度、pH 值：							
溶蚀形态	洞道结构、断面形态以及洞道周壁形态：							
洞穴沉积堆积	机械堆积物、化学沉积物、生物堆积物及其他：							
样品	编号、名称、数量：							
附件	平面、断面示意图：							
备注								

调查：　　　　　记录：　　　　　审核：　　　　　　　　　　调查日期：　　年　月　日

B.4 岩溶水点野外调查表见表B.4。

表 B.4 岩溶水点野外调查表

<table>
<tr><td colspan="2">统一编号</td><td></td><td>野外编号</td><td></td><td colspan="2">类型</td><td></td><td colspan="2">名 称</td><td></td></tr>
<tr><td colspan="2">地理位置</td><td colspan="2">省</td><td>市</td><td>区(县级市、县)</td><td>乡(镇)</td><td>村(自然村)</td><td colspan="2">(方位)</td><td>m</td></tr>
<tr><td colspan="2">图幅名称</td><td></td><td>比例尺</td><td></td><td colspan="2">经纬度</td><td>E:</td><td colspan="3">;N:</td></tr>
<tr><td colspan="2">图幅编号</td><td></td><td>坐标</td><td colspan="3">X:</td><td colspan="2">;Y:</td><td colspan="2">;Z:</td></tr>
<tr><td rowspan="5">水的理化性质</td><td>气温/℃</td><td colspan="2"></td><td colspan="2">色</td><td colspan="2"></td><td>HCO_3^- 浓度</td><td></td><td>Ca^{2+} 浓度</td><td></td></tr>
<tr><td>水温/℃</td><td colspan="2"></td><td colspan="2">味</td><td colspan="2"></td><td>CO_3^{2-} 浓度</td><td></td><td>Mg^{2+} 浓度</td><td></td></tr>
<tr><td>pH</td><td colspan="2"></td><td colspan="2">嗅</td><td colspan="2"></td><td>CO_2 浓度</td><td colspan="3"></td></tr>
<tr><td>电导率/
(μs·cm^{-1})</td><td colspan="2"></td><td colspan="2">透明度</td><td colspan="2"></td><td>水下沉积物</td><td colspan="3"></td></tr>
<tr><td colspan="11"></td></tr>
<tr><td colspan="2">水位埋深/m</td><td colspan="3"></td><td colspan="2">水位高程/m</td><td colspan="2">水样编号</td><td colspan="2"></td></tr>
<tr><td colspan="2">流量/(L·s^{-1})</td><td colspan="3"></td><td colspan="2">测流方法</td><td colspan="2">测流日期</td><td colspan="2"></td></tr>
<tr><td colspan="2">动态变化</td><td colspan="9"></td></tr>
<tr><td colspan="2">地形地貌
土壤植被</td><td colspan="9"></td></tr>
<tr><td colspan="2" rowspan="2">地层岩性
地质构造</td><td colspan="3">地层及代号</td><td colspan="3"></td><td>地层产状</td><td colspan="2"></td></tr>
<tr><td colspan="9"></td></tr>
<tr><td colspan="2">岩溶水文
地质</td><td colspan="9"></td></tr>
<tr><td colspan="2">开发利用
情况</td><td colspan="9"></td></tr>
</table>

续表 B.4

平面、断面示意图	
照片	
备注	

调查： 记录： 审核： 调查日期： 年 月 日

B.5 机(民)井野外调查表见表 B.5。

表 B.5 机(民)井野外调查表

统一编号		野外编号		类型		名称	
地理位置	省	市	区(县级市、县)	乡(镇)	村(自然村)	(方位)	m
图幅名称		比例尺			经纬度	E：	；N：
图幅编号		坐标	X：	；Y：	；Z：		
施工时间				施工单位			
使用单位				用途			

	井深/m		直径/mm		水位埋深/m		年动态变化	
	开采前	开采后	钻孔	滤水管	静水位	动水位	水量/$(m^3 \cdot h^{-1})$	水位/m

抽水时间		涌水量/$(L \cdot s^{-1})$		单位涌水量/$[L \cdot (s \cdot m)^{-1}]$		降深/m		恢复时间	

开采层	地层岩性		现有开采能力	水位降深/m	
	顶板深度/m			日开采时间/h	
	底板深度/m			日开采量/m^3	
	厚度/m			年开采量/万 m^3	

水的理化性质	气温/℃		色		HCO_3^- 浓度		Ca^{2+} 浓度	
	水温/℃		味		CO_3^{2-} 浓度		Mg^{2+} 浓度	
	pH		嗅		CO_2 浓度			
	电导率/$(\mu s \cdot cm^{-1})$		透明度		水下沉积物			
	污染情况				污染源			

水样编号		分析类别	□简 □全 □特殊 □同位素

水文地质条件	
开发利用现状	
环境地质问题	

续表 B.5

平面、断面示意图	
照片	
备注	

调查：　　　　记录：　　　　审核：　　　　　　　　调查日期：　　年　月　日

B.6 岩溶环境(塌陷)野外调查表见表 B.6。

表 B.6 岩溶环境(塌陷)野外调查表

统一编号		野外编号		小区/单位名称			
地理位置	省　　　市　　　区(县级市、县)　　　乡(镇)　　　村(自然村)　　　(方位)　　　m						
图幅名称		比例尺		经纬度	E:　　　;N:		
图幅编号		坐标	X:　　　;Y:　　　;Z:				
塌陷时间	年　　月　　日　　时　　分						
塌陷坑信息	塌陷坑信息来源	□实测　□估计　□访问			长轴长度/m		
	塌陷坑平面形态	□圆形　□椭圆形　□不规则			长轴方向/(°)		
	塌陷坑断面形态	□坛状　□碟状　□圆柱状			短轴宽度/m		
	下伏基岩是否可见	□是　　□否		深度/m		水位埋深/m	
	有无洞穴存在(□土洞　□溶洞　□溶沟溶槽　□无)						
诱发因素	□水井钻探　□道路施工　□抽水　□暴雨　□新建筑　□爆破　□地面堆载　□矿山排水　□废液　□水库蓄水　□管道渗漏　□未知						
塌陷前兆	□井水混浊　□地表水注入　□喷水冒砂　□地面裂缝　□其他						
地质背景	地貌类型	□峰林平原　□峰丛谷地　□洼地　□丘陵　□阶地　□其他					
	土地利用类型	□人口高密度的市区　□人口低密度的郊区　□工业区　□铁路　□公路　□水田　□旱地　□林地　□水体					
	土层成因类型						
	土层结构(由上到下)(A.黏性土;B.砂;C.砾石)						
	土层厚度/m		基岩层位		基岩岩性		
	附近最近出现的塌坑或湖						
	地质资料来源						
塌陷后状况	损失				金额/万元		
	是否成为污染地下水的途径	□是　　□否		是否已处理		□是　　□否	
	处理方案						
备注							

47

续表 B.6

平面、断面示意图	
照片	
备注	

调查：　　　　记录：　　　　审核：　　　　　　　　调查日期：　　年　月　日

附 录 C
（资料性附录）
岩溶地貌调查

岩溶地貌的主要形态组合类型见表C.1，岩溶地貌调查表见表C.2。

表C.1 岩溶地貌的主要形态组合类型表

成因类型	主要形态组合类型
溶蚀	溶丘洼地、溶丘谷地、峰丛洼地、峰丛谷地、石林溶沟（溶洼）
溶蚀-构造	垄脊槽谷、垄岗谷地、溶丘盆地、溶丘台地、岩溶断陷盆地、岩溶断块山地
溶蚀-侵蚀	峰丛谷地、溶丘（残丘）阶地
溶蚀-侵蚀-构造	岩溶高山峡谷、岩溶中山峡谷、岩溶低山河谷、岩溶高原（山原）峡谷、溶丘干谷

注1：平原是指地面比较平整，平均坡度一般＜7°，起伏高差一般＜30 m。

注2：台地是指具有坡度较陡的台坡和坡度较缓的台面（平均坡度一般＜7°），台坡高度＞30 m。其中，台坡高度＜100 m 的为低台地，台坡高度≥100 m 的为高台地。

注3：丘陵是指具有一定坡度（平均坡度一般＞7°），起伏高差＜200 m 的形态。起伏高差＜100 m 的为低丘陵，起伏高差在≥100 m～200 m 间的为高丘陵。

注4：山地是指起伏高差＞200 m，具有一定坡度（平均坡度一般＞10°）的形态。山地按海拔高度划分为：低山（起伏高差＜1 000 m）；中山（起伏高差在≥1 000 m～3 500 m 之间）。

表 C.2 岩溶地貌调查表

统一编号		野外编号		类 型			
地理位置	省　　市　　区(县级市、县)　　乡(镇)　　村(自然村)　　(方位)　　m						
图幅	里程桩号		经纬度	E:　　;N:			
	构筑物类型	□路基 □桥梁 □隧道	坐标	X:　　;Y:　　;Z:			
	比例尺		地层代号		地层产状		
岩溶个体形态	□落水洞　□消(溢)水洞 □漏斗　　□洼地 □溶洞　　□暗河		形状	□圆形 □椭圆形 □矩形	尺寸	长轴长/m: 短轴长/m: 长轴方向/(°): 延伸长度/m:	
地貌类型	□峰丛洼地　□峰林　□孤峰平原　□岩溶丘陵　□岩溶盆地　□岩溶谷地　□岩溶槽谷						
附件	立面图(照片)				断面图		
备注							

调查：　　　记录：　　　审核：　　　　　　　　填表日期：　　年　月　日

附 录 D
（资料性附录）
水文地质参数计算

D.1 渗透系数计算方法

D.1.1 渗透系数可以通过抽水试验、压水试验、注水试验、微水试验以及放水试验等水文地质试验结果计算。

D.1.2 采用单孔稳定流抽水试验，利用抽水孔水位下降资料计算渗透系数时，可采用下列公式。

a) 当 $Q-s$（或 Δh^2）关系曲线呈直线时。

　　1) 承压水完整孔：

$$K = \frac{Q}{2\pi sM} \lg \frac{R}{r} \quad\quad\quad (D.1)$$

　　2) 承压水非完整孔：

当 $M>150r$、$l/M>0.1$ 时，

$$K = \frac{Q}{2\pi sM}\left(\ln \frac{R}{r} + \frac{M-l}{l}\ln \frac{1.12M}{\pi r}\right) \quad\quad (D.2)$$

当不满足上述条件或过滤器位于含水层的顶部或底部时，

$$K = \frac{Q}{2\pi sM}\left[\ln \frac{R}{r} + \frac{M-l}{l}\ln\left(1+0.2\frac{M}{r}\right)\right] \quad\quad (D.3)$$

　　3) 潜水完整孔：

$$K = \frac{Q}{\pi(H^2-h^2)}\ln \frac{R}{r} \quad\quad\quad (D.4)$$

　　4) 潜水非完整孔：

当 $\bar{h}>150r$、$l/\bar{h}>0.1$ 时，

$$K = \frac{Q}{\pi(H^2-h^2)}\left(\ln \frac{R}{r} + \frac{\bar{h}-l}{l}\ln \frac{1.12\bar{h}}{\pi r}\right) \quad\quad (D.5)$$

当不满足上述条件或当过滤器位于含水层的顶部或底部时，

$$K = \frac{Q}{\pi(H^2-h^2)}\left[\ln \frac{R}{r} + \frac{\bar{h}-l}{l}\ln\left(1+0.2\frac{\bar{h}}{r}\right)\right] \quad\quad (D.6)$$

式中：

K——渗透系数（m/d）；
Q——出水量（m³/d）；
s——水位下降值（m）；
M——承压含水层厚度（m）
H——自然状态下潜水含水层厚度（m）；
$\bar{h}$——潜水含水层在抽水试验时的平均厚度（m）；
h——抽水试验稳定后抽水井中潜水含水层厚度（m）；

l——过滤器长度(m);

r——过滤器半径(m);

R——影响半径(或称裘布依半径)(m)。

b) 当 $Q-s$(或 Δh^2)关系曲线呈曲线时,可采用插值法得出 $Q-s$ 代数多项式,即

$$s = a_1Q + a_2Q^2 + \cdots + a_nQ^n \quad \cdots\cdots\cdots\cdots\cdots\cdots\cdots\cdots\cdots\cdots\cdots (D.7)$$

式中:

$a_1, a_1, \cdots, a_n$——待定系数。a_1 宜按均差表求得,可相应地将式(D.1)、式(D.2)、式(D.3)中的 Q/s 和式(D.4)、式(D.5)、式(D.6)中的 $Q/(H^2-h^2)$ 以 $1/a_1$ 代换,分别进行计算。

D.1.3 采用单孔稳定流抽水试验,利用监测孔中的水位下降资料计算渗透系数时,监测孔中的 s[或$(\Delta h)^2$]值在 s[或$(\Delta h)^2$]-$\lg r$ 关系曲线上能连成直线,可采用下列公式计算。

a) 承压水完整孔:

$$K = \frac{Q}{2\pi M(s_1-s_2)} \ln\frac{r_2}{r_1} \quad \cdots\cdots\cdots\cdots\cdots\cdots\cdots\cdots\cdots\cdots\cdots (D.8)$$

b) 潜水完整孔:

$$K = \frac{Q}{\pi(\Delta h_1^2 - \Delta h_2^2)} \ln\frac{r_2}{r_1} \quad \cdots\cdots\cdots\cdots\cdots\cdots\cdots\cdots\cdots\cdots\cdots (D.9)$$

式中:

s_1、s_2——在 $s-\lg r$ 关系曲线上的直线段上任意两点的纵坐标值(m);

Δh_1^2、Δh_2^2——在 $\Delta h^2-\lg r$ 关系曲线上的直线段上任意两点的纵坐标值(m);

r_1、r_2——在 $s(\Delta h^2)-\lg r$ 关系曲线上纵坐标为 s_1、s_2(或 Δh_1^2、Δh_2^2)的两点至抽水孔的距离(m)。

D.1.4 当采用单孔非稳定流抽水试验,在没有越流补给的条件下,利用抽水孔或监测孔中的水位下降资料计算渗透系数时,可采用下列公式。

a) 配线法。

1) 承压水完整孔:

$$K = \frac{0.08Q}{Ms}W(u) \quad \cdots\cdots\cdots\cdots\cdots\cdots\cdots\cdots\cdots\cdots\cdots (D.10)$$

$$u = \frac{u_e}{4KM} \cdot \frac{r^2}{t} \quad \cdots\cdots\cdots\cdots\cdots\cdots\cdots\cdots\cdots\cdots\cdots (D.11)$$

2) 潜水完整孔:

$$K = \frac{0.159Q}{\Delta h^2}W(u) \quad \cdots\cdots\cdots\cdots\cdots\cdots\cdots\cdots\cdots\cdots\cdots (D.12)$$

$$u = \frac{u_d}{4KH} \cdot \frac{r^2}{t} \quad \cdots\cdots\cdots\cdots\cdots\cdots\cdots\cdots\cdots\cdots\cdots (D.13)$$

或

$$K = \frac{0.08Q}{\bar{h}s}W(u) \quad \cdots\cdots\cdots\cdots\cdots\cdots\cdots\cdots\cdots\cdots\cdots (D.14)$$

$$u = \frac{u_d}{4K\bar{h}} \cdot \frac{r^2}{t} \quad \cdots\cdots\cdots\cdots\cdots\cdots\cdots\cdots\cdots\cdots\cdots (D.15)$$

式中:

$W(u)$——井函数,查井函数表确定;

u_e——承压含水层释水系数;

u_d——潜水含水层给水度。

b) 直线法

当 $\dfrac{r^2 u_e}{4KMt}$（或 $\dfrac{r^2 u_d}{4K\bar{h}t}$）$< 0.01$ 时，可采用式(D.8)、式(D.9)或下列公式计算。

1) 承压水完整孔：

$$K = \dfrac{Q}{4\pi M(s_2 - s_1)} \ln \dfrac{t_2}{t_1} \quad\quad\quad (D.16)$$

2) 潜水完整孔：

$$K = \dfrac{Q}{2\pi(\Delta h_2^2 - \Delta h_1^2)} \ln \dfrac{t_2}{t_1} \quad\quad\quad (D.17)$$

式中：

s_1、s_2——监测孔或抽水孔在 $s - \lg t$ 关系曲线上的直线段上任意两点的纵坐标值(m)；

Δh_1^2、Δh_2^2——监测孔或抽水孔在 $\Delta h^2 - \lg t$ 关系曲线上的直线段上任意两点的纵坐标值(m)；

t_1、t_2——在 s（或 Δh^2）$- \lg t$ 关系曲线上纵坐标为 s_1、s_2（或 Δh_1^2、Δh_2^2）两点的相应时间(min)。

D.1.5 当采用单孔非稳定流抽水试验，在有越流补给（不考虑弱透水层水的释放）的条件下，利用 $s - \lg t$ 关系曲线上拐点处的斜率计算渗透系数时，可采用下列公式。

$$K = \dfrac{2.3Q}{4\pi \cdot M \cdot m_i \cdot e^{r/B}} \quad\quad\quad (D.18)$$

式中：

r——监测孔至抽水孔的距离(m)；

B——越流参数；

e——自然对数底数；

m_i—— $s - \lg t$ 关系曲线上拐点处的斜率。

D.1.6 稳定流抽水试验或非稳定流抽水试验，当利用停抽后（抽水孔或监测孔）的水位恢复资料计算渗透系数时，可采用下列公式。

a) 抽水试验停抽前，当动水位已稳定，可采用式(D.18)计算，式中的 m_i 值应采用恢复水位的 $s - \lg(1+t_K/t_T)$ 曲线上拐点的斜率。

b) 抽水试验停抽前，当动水位没有稳定，仍呈直线下降时，可采用下列公式。

1) 承压水完整孔：

$$K = \dfrac{Q}{4\pi Ms} \ln\left(1 + \dfrac{t_K}{t_T}\right) \quad\quad\quad (D.19)$$

2) 潜水完整孔：

$$K = \dfrac{Q}{2\pi(H^2 - h^2)} \ln\left(1 + \dfrac{t_K}{t_T}\right) \quad\quad\quad (D.20)$$

式中：

t_K——从抽水开始到停止的时间(min)；

t_T——从抽水停止算起的恢复时间(min)；

s——水位恢复时的剩余下降值(m)；

h——水位恢复时的潜水含水层厚度(m)。

D.1.7 利用同位素示踪测井资料计算渗透系数时，应按下列公式计算。

$$K = \dfrac{V_f}{I} \quad\quad\quad (D.21)$$

$$v_f = \frac{\pi(r^2 - r_0^2)}{2art} \ln \frac{N_0 - N_b}{N_t - N_b} \quad\quad\quad (D.22)$$

式中：

v_f——测点的渗透速度(m/d)；

I——测试孔附近的地下水水力坡度；

r——测试孔滤水管内半径(m)；

r_0——探头半径(m)；

N_0——同位素在孔中的初始计数率；

N_t——同位素 t 时的计数率；

N_b——放射性本底计数率；

a——流场畸变校正系数；

t——示踪剂浓度从 N_0 变化到 N_t 所需的时间(d)。

D.1.8 当采用单孔稳定流抽水试验，利用抽水孔水位下降资料计算渗透系数时，可采用下列经验公式。

a) 潜水含水层完整孔：

$$K = \frac{1.3q}{H} \quad\quad\quad (D.23)$$

b) 承压水含水层完整孔：

$$K = \frac{1.3q}{M} \quad\quad\quad (D.24)$$

c) 单位降深出水量 q：

$$s = aq + bq^2 \quad\quad\quad (D.25)$$

式中：

K——渗透系数(m/d)；

q——当水位下降值 $s=1$ m 时的出水量[m³/(d·m)]；

M——承压水含水层厚度(m)；

H——自然状况下潜水含水层厚度(m)；

a、b——待定系数，为通过坐标原点的抛物线方程。将钻孔抽水试验资料建立抛物线方程式，根据若干组 s 和 Q 试验数据进行拟合，拟合曲线应满足置信度为 5% 时相应自由度所对应的相关系数临界值要求。

当允许有少许误差时，式(D.23)～式(D.25)亦适用于非完整孔。

D.1.9 当利用压水或注水试验资料计算渗透系数时，宜根据不同条件选用相应公式。

a) 与试段位于地下水水位以下，透水性较小($q<10$ Lu)、P_0-Q 曲线为层流型时，可按下式计算岩体渗透系数：

$$K = \frac{Q}{2\pi HL} \ln \frac{L}{r_0} \quad\quad\quad (D.26)$$

式中：

Q——压入流量(m³/d)；

H——试验水头(m)；

L——试段长度(m)；

r_0——钻孔半径(m)。

b) 当试段位于地下水水位以下，透水性较小（$q<10Lu$）、P_0-Q 曲线为紊流型时，可用第一阶段的压力 P_1（换算成水头值，以 m 计）和流量 Q_1 代入式(D.26)近似计算渗透系数。

D.1.10 利用钻孔注水试验资料计算渗透系数时，可根据下列不同条件采用相应公式。

a) 钻孔常水头注水试验。

1) 当试验段位于地下水水位以下时，按下式计算试验岩土层的渗透系数：

$$K = \frac{16.67Q}{AH} \quad\quad\quad (D.27)$$

式中：
K——试验岩土层渗透系数(cm/s)；
Q——注入流量(L/min)；
H——试验水头(cm)，等于试验水位与地下水水位之差；
A——形状系数(cm)，由钻孔和水流边界条件确定（详见附录 F 钻孔注水试验形状系数 A 的取值规定）。

2) 当试验段位于地下水水位以上，且 $50<H/r<200$、$H\leqslant L$ 时，可按下式计算试验岩土层的渗透系数：

$$K = \frac{7.05Q}{LH}\lg\frac{2L}{r} \quad\quad\quad (D.28)$$

式中：
r——钻孔内半径(cm)；
L——试段长度(cm)。

b) 钻孔降水头注水试验。

$$K = \frac{0.0523r^2}{A}\frac{\ln\frac{H_1}{H_2}}{t_2 - t_1} \quad\quad\quad (D.29)$$

式中：
t_1、t_2——注水试验某一时刻的试验时间(min)；
H_1、H_2——t_1、t_2 时的试验水头(cm)；
r——套管内半径(cm)。

D.1.11 利用钻孔微水试验资料计算渗透系数时，可按下列公式计算。

a) 当动水位和出水量未达到稳定要求，但接近稳定时，可按泰斯-野满公式计算渗透系数：

$$K = \frac{Q}{4\pi H(s_1 - s_2)}\ln\frac{t_2}{t_1} \quad\quad\quad (D.30)$$

式中：
Q——钻孔出水量(m^3/d)
t_1、t_2——抽（注）水延续时间(min)；
s_1、s_2——t_1、t_2 时的水位下降值(m)。

b) 钻孔停止抽（注）水后，降落曲线逐渐恢复，则式(D.30)为：

$$K = \frac{0.183Q}{sH}\ln\frac{t}{t'} \quad\quad\quad (D.31)$$

式中：
s——水位下降值(m)；

t——开始抽(注)水至某一时间的延续时间(min);
t'——停止抽(注)水后所隔时间(min)。

D.2 给水度和释水系数计算方法

D.2.1 稳定流抽水试验给水度计算方法。

$$u_d = \frac{Qt}{\pi \frac{y+h}{2}(x^2 - r^2)} \quad \quad (D.32)$$

式中:

u_d——潜水含水层给水度;
Q——抽水稳定出水量(m^3/d);
t——指示剂(荧光红、NaCl、NH_4Cl 等)从监测孔投入到抽水孔出现经过的时间(d);
x——抽水孔到监测孔的距离(m);
r——抽水孔半径(m);
y——监测孔在抽水水位稳定时自含水层底板计起的厚度(m);
h——抽水孔在抽水水位稳定时自含水层底板计起的厚度(m)。

D.2.2 稳定流抽水试验释水系数计算方法。

$$u_e = \frac{Qt}{\pi M(x^2 - r^2)} \quad \quad (D.33)$$

式中:

u_e——承压含水层释水系数;
M——承压含水层厚度(m)。

当含水层均匀时设一个监测孔;当含水层松散、岩质岩层不均匀时,沿地下水流向上游方向设一个监测孔,垂直地下水方向再设一个监测孔。

D.3 降水入渗系数计算方法

D.3.1 地下水水位计算降水入渗系数方法。

$$\alpha = \frac{u_d(h_{max} - h + \Delta h \cdot t)}{X} \quad \quad (D.34)$$

式中:

α——降水入渗系数;
u_d——含水层给水度;
h_{max}——降水后监测孔中的最大水柱高度(m);
h——降水前监测孔中的水柱高度(m);
Δh——临近降水前,地下水水位的天然平均降(升)速度(m/d),水位降时,取负,水位升时取正;
t——从 h 到 h_{max} 的时间(d);
X——t 日内降水总量(m)。

D.3.2 地表径流量计算降水入渗系数方法。

$$\alpha = \frac{\sum_{i=1}^{n}(X_i - Y_i - Z_i)X_i}{\sum_{i=1}^{n}X_i^2} \quad \quad (D.35)$$

式中：
X_i——第 i 次日降水量（m）；
Y_i——第 i 次地表日径流量（m）；
Z_i——第 i 次日蒸发量（m）。

D.3.3 泉流量计算降水入渗系数方法。

a) 采用岩溶地下水系统年排泄量和年平均降雨量计算降水入渗系数 α 计算方法如下：

$$\alpha = \frac{Q_p}{1\,000 F_p P} \quad\quad\quad\quad\quad\quad (D.36)$$

式中：
Q_p——地下水年排泄量（m³）；
P——汇水区年降水量（m）；
F_p——汇水面积（km²）。

b) 采用多次降水过程计算（图 D.1）：

$$Q'_1 = Q t_2 \mathrm{e}^{-at} \quad\quad\quad\quad\quad\quad (D.37)$$

$$V_{P_2} = \int_{t_2}^{+\infty}(Q_2 + Q'_2 - Q'_1)\mathrm{d}t \quad\quad\quad\quad\quad\quad (D.38)$$

$$\alpha = \frac{V_{P_2}}{F_p \times P_2} \quad\quad\quad\quad\quad\quad (D.39)$$

式中：
V_2——P_2 次降水产生的洪峰流量体积（m³）；
Q_2——P_2 次降水后流量过程（m³）；
Q'_1、Q'_2——通过指数衰减法恢复的 P_1 次和 P_2 次降水流量衰退过程（m³）；
F_p——汇水面积（km²）；
P_2——降水量（m）。

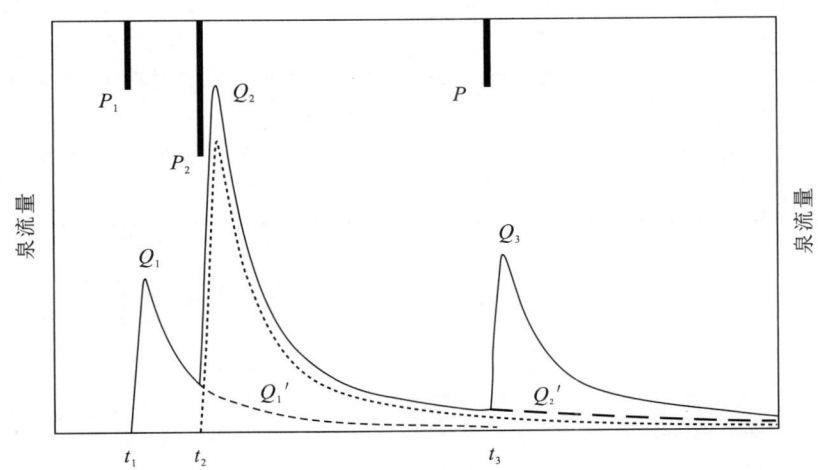

图 D.1 多次降水示意图

D.3.4 降水入渗系数经验数值可以参考表 D.1、表 D.2 取值。

表 D.1 降水入渗系数经验数值表

岩石名称	降水入渗系数α
裂隙岩石（裂隙极深）	0.02～0.25
岩溶化极弱的灰岩	0.01～0.10
岩溶化较弱的灰岩	0.10～0.20
岩溶化中等的灰岩	0.20～0.30
岩溶化较强的灰岩	0.30～0.50
岩溶化极强的灰岩	0.50～0.70

注：据《铁路工程水文地质勘察规范》(TB 10049)。

表 D.2 鄂西部分地区岩溶化灰岩降水入渗系数

序号	图幅名称	岩溶发育程度	含水岩组	降水入渗系数α	备注
1	咸丰幅[1]	强烈发育	P_1	0.35～0.50	
			T_1d、T_2j	0.25～0.45	
			O_1	0.35～0.45	
		中等发育	P_2	0.10～0.20	
2	五峰幅[2]	强烈发育	P_1、P_2、T_1d	0.40～0.60	野三关、大支坪
3	恩施幅[3]	强烈发育	T_1d、T_2j	0.70～0.90	金子山向斜
4	巴东幅[4]	强烈发育	P_1、T_1d、T_2j	0.54～0.72	锯居湾、马家湾
		中等发育	P_2、T_1d、T_2j	0.32～0.40	青林坝、扮仓坪

注1：[1]程昌和.咸丰幅 H-49-20 1:20万区域水文地质普查报告[R].荆州:湖北省地质局水文地质工程地质大队,1977。

注2：[2]胡元清.五峰幅 H-49-15 1:20万区域水文地质普查报告[R].荆州:湖北省地质局水文地质工程地质大队,1977。

注3：[3]于远忠.恩施幅 H-49-14 1:20万区域水文地质普查报告[R].荆州:湖北省地质局水文地质工程地质大队,1977。

注4：[4]李凤海.巴东幅 H-49-9 1:20万区域水文地质普查报告[R].荆州:湖北省地质局水文地质工程地质大队,1977。

附 录 E
（资料性附录）
公路隧道岩溶涌水量计算方法

E.1 概述

隧道岩溶突水、涌水类型可分为裂隙型、断层型、溶洞溶腔型和暗河型等。不同突水、涌水类型适用的隧道涌水量计算方法可参考表 E.1 选用。

表 E.1 不同突水、涌水类型适用的隧道涌水量计算方法

隧道岩溶突水、涌水类型	水均衡法	地下水动力学法	水文地质比拟法	集总式水文模型法	相关分析法	数值模拟法
裂隙型	++	+	+	—	+	+
断层型	++	—	+	+	+	+
溶洞溶腔型	++	—	+	—	+	+
暗河型	++	—	+	+	+	+
注：++为宜选用；+为可选用；—为不宜选用。						

E.2 水均衡法

水均衡法也称水量平衡法，主要基于质量守恒定律，研究均衡区在均衡期内地下水的补给量、储存量和消耗量之间的数量转换关系，通过水量均衡计算隧道涌水量。水均衡法适用于隧道岩溶水文地质勘察的全阶段，是隧道涌水量计算的基础方法。具体计算方法可分为地下水径流模数法、地下水径流深度法和降水入渗系数法等。

E.2.1 地下水径流模数法

$$Q_s = M_j A_s \quad\quad\quad\quad (E.1)$$

$$M_j = \frac{Q'}{F} \quad\quad\quad\quad (E.2)$$

式中：

Q_s——预测正常涌水量（m^3）；

M_j——地下水径流模数[$m^3/(d \cdot km^2)$]；

A_s——隧道通过含水体地段的集水面积（km^2）；

Q'——地下水补给的河流流量或下降泉流量（m^3/d），采用枯水期流量计算；

F——与地表水或下降泉流量相当的地表流域面积（km^2）。

E.2.2 地下径流深度法

$$Q_s = 2.74 h_j \cdot A_s \quad\quad\quad\quad (E.3)$$

$$h_j = W - H_j - E - S_s \quad \cdots\cdots\cdots\cdots\cdots\cdots\cdots\cdots\cdots\cdots\cdots\cdots\cdots\cdots \text{(E.4)}$$

$$A_s = L_s \cdot B_L \quad \cdots\cdots\cdots\cdots\cdots\cdots\cdots\cdots\cdots\cdots\cdots\cdots\cdots\cdots \text{(E.5)}$$

式中：

h_j——年地下径流深度(m)；

W——年平均降水量(m)；

H_j——年地表径流深度(m)；

E——某流域年蒸发蒸散量(m)；

S_s——年地表滞水深度(m)；

L_s——隧道通过含水体地段的长度(km)；

A_s——隧道通过含水体地段的集水面积(km²)；

B_L——隧道涌水地段两侧的影响宽度(km)。

E.2.3 降水入渗系数法

$$Q_s = 2.74\alpha W' A_s \quad \cdots\cdots\cdots\cdots\cdots\cdots\cdots\cdots\cdots\cdots\cdots\cdots \text{(E.6)}$$

式中：

α——降水入渗系数，根据经验数据(附录 D 中表 D.1、表 D.2)或试验数据确定；

A_s——隧道通过含水体地段的集水面积(km²)；

W'——次降水量(m)。

E.3 地下水动力学法

隧道位于水平径流带，水文地质条件比较简单、岩溶发育程度较弱、含水介质以裂隙为主且有勘探、试验资料时，可采用地下水动力学法计算隧道涌水量。

E.3.1 古德曼经验公式法

$$Q_s = \frac{2\pi K H_s L}{\ln(4H_s/d)} \quad \cdots\cdots\cdots\cdots\cdots\cdots\cdots\cdots\cdots\cdots\cdots\cdots \text{(E.7)}$$

式中：

K——隧道围岩的渗透系数(m/d)；

H_s——静止水位至洞身横断面等价圆心的距离(m)；

d——洞身横截面等价圆直径(m)；

L——隧道通过含水体地段的长度(m)。

E.3.2 佐藤邦明非稳定流式

$$q_0 = \frac{2\pi \cdot m \cdot K \cdot h_2}{\ln\left[\tan\dfrac{\pi(2h_2 - r_0)}{4h_c} \cot\dfrac{\pi r_0}{4h_c}\right]} \quad \cdots\cdots\cdots\cdots\cdots\cdots \text{(E.8)}$$

式中：

q_0——隧道通过含水体地段的单位长度最大涌水量[m³/(s·m)]；

m——换算系数，一般取 0.86；

K——隧道围岩的渗透系数(m/s)；

h_2——静止水位至洞身横断面等价圆中心的距离(m);

r_0——洞身横断面等价圆半径(m);

h_c——含水体厚度(m)。

E.3.3 裘布依理论公式法

$$Q_s = \frac{KL(H'^2 - h^2)}{R - r} \quad \cdots\cdots\cdots\cdots\cdots\cdots (E.9)$$

式中：

H'——隧道底板以上潜水含水体厚度(m);

h——隧道洞壁外侧水柱高度(m)，一般考虑"水跃"值;

R——影响半径(m);

r——隧道洞身横断面宽度的$\frac{1}{2}$(m)。

E.3.4 佐藤邦明经验式

$$q_s = q_0 - 0.584\bar{\varepsilon} \cdot K \cdot r_0 \quad \cdots\cdots\cdots\cdots\cdots\cdots (E.10)$$

式中：

q_s——隧道单位长度正常涌水量[m³/(s·m)];

$\bar{\varepsilon}$——试验系数，一般取12.8;

r_0——洞身横断面的等价圆半径(m)。

E.4 水文地质比拟法

水文地质比拟法是根据已开挖隧道的涌水资料，预测水文地质条件与其相似的新建隧道涌水量的一种方法，预测精度的高低完全取决于用来类比的两条隧道之间岩溶水文地质条件的相同与相似性。运用该方法需要满足的前提条件是进行比拟的两条隧道的水文地质条件应相似，如图E.1所示。

该方法预测涌水量的原理是相似性原理，隧道涌水量计算方法如下：

$$Q_x = \frac{Q'Fs}{F's'} \quad \cdots\cdots\cdots\cdots\cdots\cdots (E.11)$$

$$F = B_s L_s \quad \cdots\cdots\cdots\cdots\cdots\cdots (E.12)$$

$$F' = B'_s L'_s \quad \cdots\cdots\cdots\cdots\cdots\cdots (E.13)$$

式中：

Q_x、Q'——新建、既有隧道(坑道)通过含水体地段的日正常涌水量或日最大涌水量(m³/d);

F、F'——新建、既有隧道(坑道)通过含水体地段的涌水面积(km²);

s、s'——新建、既有隧道(坑道)通过含水体中静止水位计起的水位降深(m);

B_s、B'_s——新建、既有隧道(坑道)洞身横断面的周长(m);

L_s、L'_s——新建、既有隧道(坑道)通过含水体地段的长度(m)。

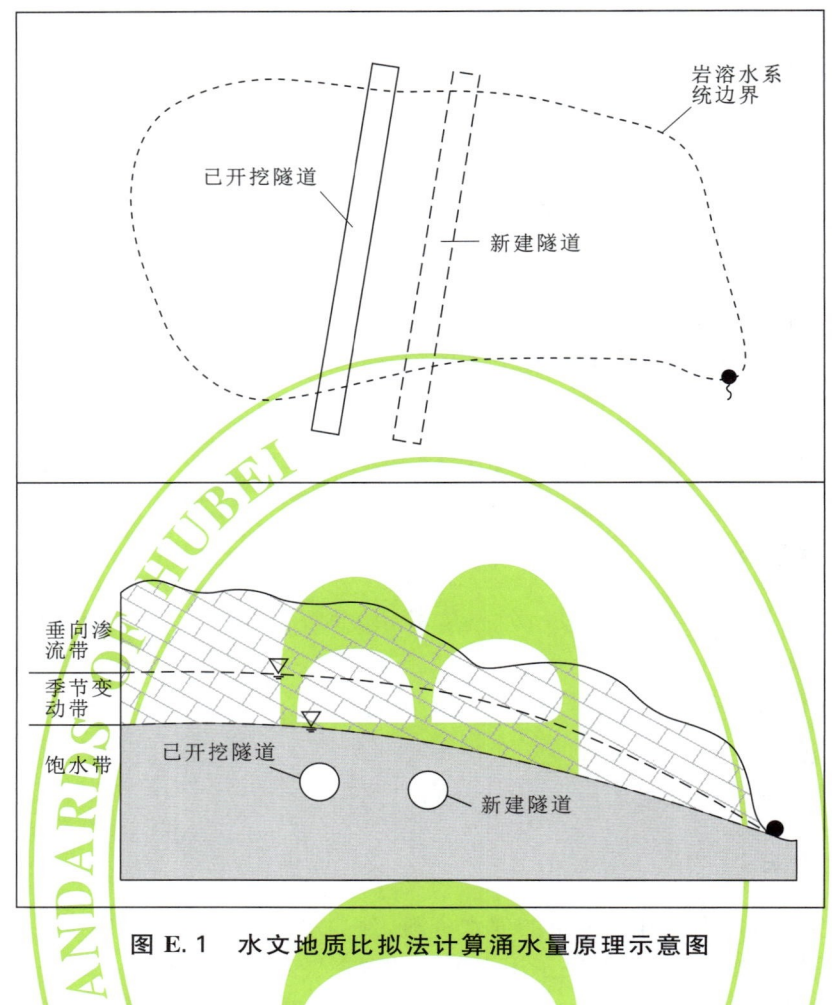

图 E.1 水文地质比拟法计算涌水量原理示意图

E.5 集总式水文模型法

E.5.1 概述

一次降水过程后,流域出口断面的流量由地面径流和地下径流组成。地面径流和地下径流的水量是降水量中产生的部分,称为径流量,径流量的计算称为产流计算。降水产生的径流汇集到地表和地下河网过程的计算称为汇流计算。若隧道揭露地下河管道,此时涌水量可以看作是隧道和地下河管道相交处上游地下径流的汇流量(图 E.2),这种情况下可以使用集总式水文模型计算隧道涌水量。

E.5.2 步骤

E.5.2.1 设计暴雨

设计面暴雨量是指设计断面以上流域的面降水量。一般有两种计算方法,一种方法是当设计流域内雨量站较多、分布较均匀,各站又有长期的降水量监测资料时,可以直接运用统计分析的方法,获得不同频率暴雨的降水量值以及降水过程;另一种方法是当设计流域内雨量站稀少,或监测系列

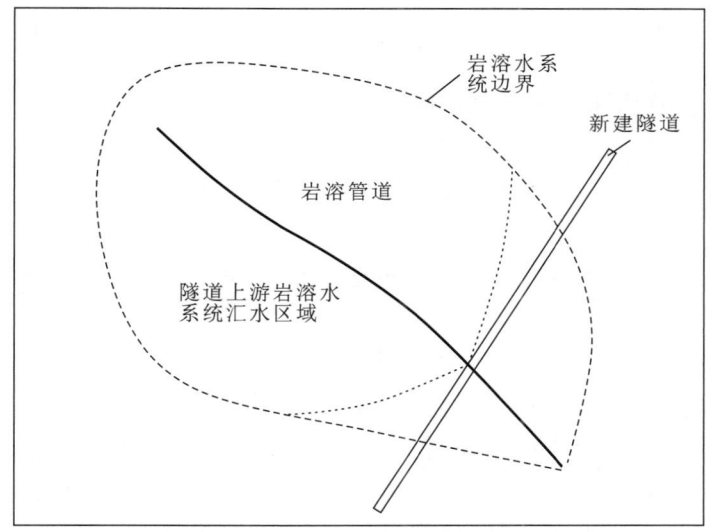

图 E.2 集总式水文模型计算隧道涌水量原理示意图

甚短,或同期监测资料很少甚至没有,无法直接求得设计面暴雨量时,先求流域中心附近代表站的设计点暴雨量,然后通过暴雨点面关系,求相应设计面暴雨量。

E.5.2.2 产流计算

产流计算就是计算降水过程中产生的总径流量 $R_总$ 以及各个时段产生的净雨量 I_i。总的径流量为扣除初损量后的设计面降水量,即

$$R_总 = H_面 - I_0 \quad\quad\quad\quad\quad\quad (E.14)$$

式中:

$H_面$——设计面降水量(mm);

I_0——初损量(mm),包括降水量中被扣除的截留量和填洼量。

岩溶地区产流过程有其特殊性。在鄂西裸露型岩溶地区,一场降水通常很快就会通过落水洞、岩溶洼地等汇流到岩溶管道,汇流时间短,植被蒸腾作用所消耗的水量可以忽略。因此,可认为一次降水全部产生径流,即

$$I_0 = 0, R_总 = H_面 \quad\quad\quad\quad\quad\quad (E.15)$$

总径流量 $R_总$ 由地下径流 R_g 和地面径流 R_s 组成,即

$$R_总 = R_g + R_s \quad\quad\quad\quad\quad\quad (E.16)$$

按蓄满产流模型,当雨强(单位时段内的降水量)$i <$ 稳定下渗率 f_c 时,i 全部形成地下径流;当 $i > f_c$ 时,$(i - f_c)$ 形成地面径流,f_c 形成地下径流,所以在 Δt 时段内,$Rg_{\Delta t} = f_c \Delta t$。$f_c$ 可由降水径流资料获取,若资料有限,可以按照湖北省综合的设计条件下,利用公式 $f_c = 0.061 R_总^{0.61}$ 求取 f_c。

综上所述,在第 i 时段内,地面净雨量为

$$I_i = R_i - f_c \Delta t \quad\quad\quad\quad\quad\quad (E.17)$$

式中:

R_i——第 i 时段降水量(mm);

I_i——第 i 时段降水产生的地面净雨量(mm);

Δt——单位时段长(h)。

E.5.2.3 汇流计算

E.5.2.3.1 流域汇流计算常用方法是单位线法。

E.5.2.3.2 单位线是流域上由单位时段内均匀分布的单位净雨产生所形成的流域出口断面的地面径流过程线。单位线的净雨深（径流深）一般取 10mm，单位时段则依流域性质而定，取 1 h、2 h、3 h、6 h、12 h、24 h 等或更短。

E.5.2.3.3 单位线的纵坐标用流量 q 表示，横坐标用时间 t 表示。使用单位线法时有如下两条假定：

a) 如单位时段的净雨量不是一个单位而是 n 个单位，则它所形成的地面径流过程线的流量值为单位线流量的 n 倍，其历时仍与单位线的历时相同（倍比假定）。

b) 如净雨历时不是一个时段而是 m 个时段，则各时段净雨形成的径流过程线之间互不干扰，出口断面的流量等于各时段净雨量所形成的流量之和（叠加假定）。

E.5.2.3.4 瞬时单位线法的推求。瞬时单位线是指在瞬时（无限小的时段内）流域上均匀的单位地面净雨所形成的地面径流过程线，通常用 $u(0,t)$ 和 $u(t)$ 表示。瞬时单位线的数学方程为

$$u(0,t) = \frac{1}{K_t \Gamma(n)} \left(\frac{t}{K_t}\right)^{n-1} e^{-\frac{t}{K_t}} \quad \cdots\cdots\cdots\cdots\cdots\cdots\cdots (E.18)$$

式中：

$\Gamma(n)$——n 的伽马函数；

n——线性水库的个数；

K_t——线性水库的调蓄系数，具有时间的单位；

e——自然对数底数。

E.5.2.3.5 参数 n、K_t 的确定。湖北省山丘区瞬时单位线分 3 个片进行参数的地区综合，n、K_t 值计算公式可查阅《湖北省暴雨径流查算图表》。

E.5.2.3.6 由瞬时单位线转换为时段单位线。实际降雨的历时如果和流域已有的单位线时段不同，就需要将单位线的时段加以转化。假定时段净雨量连续不断，则流域出口断面的流量过程线称为 S 曲线，用单位线连续积分即可以求得 S 曲线，S 曲线就是单位线的累计曲线。将瞬时单位线转换为时段单位线的方法如下。

按 S 曲线的定义可以求出瞬时单位线方程的积分：

$$S(t) = \int_0^t u(0,t) \mathrm{d}t = \int_0^{\frac{t}{K_t}} \frac{1}{\Gamma(n)} \left(\frac{t}{K_t}\right)^{n-1} e^{-\frac{t}{K_t}} \mathrm{d}\frac{t}{K_t} \quad \cdots\cdots\cdots\cdots (E.19)$$

当 n、K_t 已知，以不同的 t 代入式(E.19)积分，就可得到 S 曲线。将以 $t=0$ 为起点的 $S(t)$ 曲线向后平移一个 Δt 时段，即可得 $S(t-\Delta t)$ 曲线，两条 S 曲线的纵坐标差值可用方程表示为

$$u(\Delta t, t) = S(t) - S(t-\Delta t) \quad \cdots\cdots\cdots\cdots\cdots\cdots\cdots (E.20)$$

此即为时段 Δt 的无因次时段单位线。

有了无因次单位线，还需转换成净雨时段为 Δt，10 mm 净雨的时段单位线：

$$q_i = \frac{10 \times F}{3.6 \Delta t} u(\Delta t, t) = \frac{10 \times F}{3.6 \Delta t}[S(t) - S(t-\Delta t)] \quad \cdots\cdots\cdots (E.21)$$

式中：

q_i——单位线各时段的纵坐标（m³/s）；

Δt——净雨时段（h）；

F——隧道上游流域面积（km²）。

E.5.2.4 隧道涌水过程线的推求

隧道涌水量可以根据地下水单位线推求,一般采用经验公式。隧道涌水过程曲线的起涨流量 Q_0、隧道涌水洪峰 Q_g(即退水曲线起点流量)计算公式如下:

$$Q_0 = 0.021 f_c^{1.14} \cdot F_p \quad\quad\quad (E.22)$$

$$Q_g = \frac{f_c \cdot t_c \cdot F_p / 3.6 - \left(\frac{T}{2} - \frac{1}{\beta}\right)}{\frac{T}{2} + \frac{1}{\beta}} \quad\quad\quad (E.23)$$

式中:
f_c——稳渗率(m/h);
t_c——净雨历时(h);
F_p——隧道上游汇水面积(km²);
T——地面径流过程底宽(h),$T = t_c + D - \Delta t$;
Δt——单位时段长(h);
D——Δt 时段单位线底宽(h);
β——退水指数。

根据 Q_0、Q_g 和 T,按如下公式计算隧道涌水量 Q_t。

若 $t \leqslant T$,

$$Q_t = Q_0 + (Q_g - Q_t) \cdot \frac{t}{T} \quad\quad\quad (E.24)$$

若 $t > T$,

$$Q_t = Q_g \cdot e^{-\beta(t-T)} \quad\quad\quad (E.25)$$

E.6 相关分析法

相关分析法是利用已经发生涌水的隧道涌水量与隧道区降雨量监测资料,通过相关分析建立回归方程来预测未来降雨条件下岩溶隧道涌水量的方法,适用于具有长序列涌水量和降雨量监测资料的岩溶隧道。

相关分析的主要任务:①解决变量(涌水量、降雨量)之间的联系形式(即建立回归方程);②判别变量之间的联系密切程度,以便找出一个统计量(复相关系数及拟合度)客观地反映回归方程的使用价值。

通常,由于隧道涌水量的波动对降雨变化具有滞后性,涌水形成中同时有多个降水量因素的影响,所以涌水量预测中更多采用多元线性随机模型。设定涌水量 Q_s 为因变量,不同时段降水量 X_i 为自变量,其多元线性回归方程为

$$Q_s = a + b_0 X_0 + b_1 X_1 + b_2 X_2 + \cdots + b_m X_m \quad\quad\quad (E.26)$$

式中:
a——常数项;
b_m——Q_s 倚 X_m 的偏回归系数。

E.7 数值模拟法

E.7.1 数值模拟法是将复杂的地下水系统离散成很多个小单元,根据地下水渗流理论和水均衡原

理,建立每个单元的水均衡方程,并将所有单元的水均衡方程联立形成一个方程组,然后运用计算机求解该方程组,获得每个单元地下水运动的状态要素,如地下水水位、流速、流量等。常见的数值模拟法有有限差分法、有限元法、边界元法等。

E.7.2 隧道涌水量的数值模拟法是在水文地质调查研究的基础上,根据水文地质条件建立符合实际情况的水文地质概念模型,再根据水文地质概念模型建立相应的数学模型,运用数值离散分析的方法,把描述不同初始条件和边界条件下的非均质各向异性含水介质的地下水渗流微分方程的定解问题转化为一系列线性方程组的求解问题,并利用反演计算或其他方法得出水文地质参数,然后进行正演计算,在求出水头、水力梯度及水流速度的基础上,获得隧道各段涌水量的变化过程。常用于计算岩溶隧道涌水量的数值模型有 MODFLOW、FEFLOW 和 MODFLOW－CFP 等。

E.7.3 数值模拟法与地下水动力学法的核心部分相同,都是源自地下水渗流的微分方程,只是后者用数理分析的方法得到某些特定条件下的精确解,而前者通过数值离散的方法得到近似解。当工作区的水文地质条件和水文地质参数都比较清楚和准确时,由数值模拟法得到的近似解精度就很高,否则其随意性很大。尤其是在一些勘探程度不高的地区,先要通过数值模拟反演来获得水文地质参数及其空间变化,再进行流场或水量预测评价,其模拟精度完全取决于模拟者对水文地质条件的认知程度,也就是说,数值模拟法从方法本身来说它的精度很高,但是实际运用中精度与模拟者的认知程度、区域水文地质勘探精度(对模拟过程的约束条件)密切相关。

E.8 隧道岩溶突水、涌水等级划分

隧道岩溶突水、涌水等级可根据涌水量、岩溶水类型、危害程度进行划分,详见表 E.2。

表 E.2 隧道岩溶突水、涌水等级划分表

隧道岩溶突水、涌水等级	涌水量 $Q/(m^3 \cdot d^{-1})$	岩溶水类型	危害程度
微量	$Q<100$	溶蚀裂隙涌水	对施工基本无影响
少量	$100 \leqslant Q<1\,000$	细脉状岩溶管道涌水	对施工有一定影响
中等	$1\,000 \leqslant Q<10\,000$	脉状岩溶管道涌水	对施工有较大影响,排水较易
大量	$10\,000 \leqslant Q<20\,000$	岩溶管道涌水	较严重影响施工,危及设备及人身安全,排水较困难
特大	$Q \geqslant 20\,000$	岩溶管道或暗河涌水	严重影响施工,危及重大设备及人身安全,排水困难

附 录 F
（资料性附录）
钻孔注水试验形状系数 A 的取值规定

钻孔注水试验形状系数 A［附录 D 中公式（D.27）］取值见表 F.1。

表 F.1 钻孔注水试验形状系数 A 取值表

试验条件	简图	A 值	备注
试验段位于地下水水位以下，孔底进水		$5.5r$	r 为过滤器半径（mm）；H 为试验水头
试验段位于地下水水位以下，孔底进水，顶板为不透水层		$4r$	r、H 含义同上

续表 F.1

试验条件	简图	A 值	备注
试验段位于地下水水位以下，试验段裸孔，孔壁和孔底进水		$\dfrac{2\pi l}{\ln\dfrac{ml}{r}}$	$\dfrac{l}{r}>8$； $m=\sqrt{K_h/K_v}$ 式中：K_h、K_v 分别为试验含水层的水平、垂直渗透系数；l 为过滤器长度（m）
试验段位于地下水水位以下，试验段裸孔，孔壁和孔底进水		$\dfrac{2\pi l}{\ln\dfrac{2ml}{r}}$	$\dfrac{l}{r}>8$； $m=\sqrt{K_h/K_v}$

附 录 G
（资料性附录）
层次分析法评价公路隧道岩溶突水、涌水易发性

公路隧道岩溶突水、涌水易发性评价指标应综合考虑岩溶发育特征、岩溶地下水系统、地下水径流排泄途径、隧道施工特点等诸多因素。通过定量与定性相结合、客观性与实际性相统一的原则，预测、评价隧道突水、涌水易发性。本文件以地质条件、水文条件、诱发因素为主要框架，在此基础上深入分析，建立一套公路隧道岩溶突水、涌水易发性评价指标体系，如图 G.1 所示。

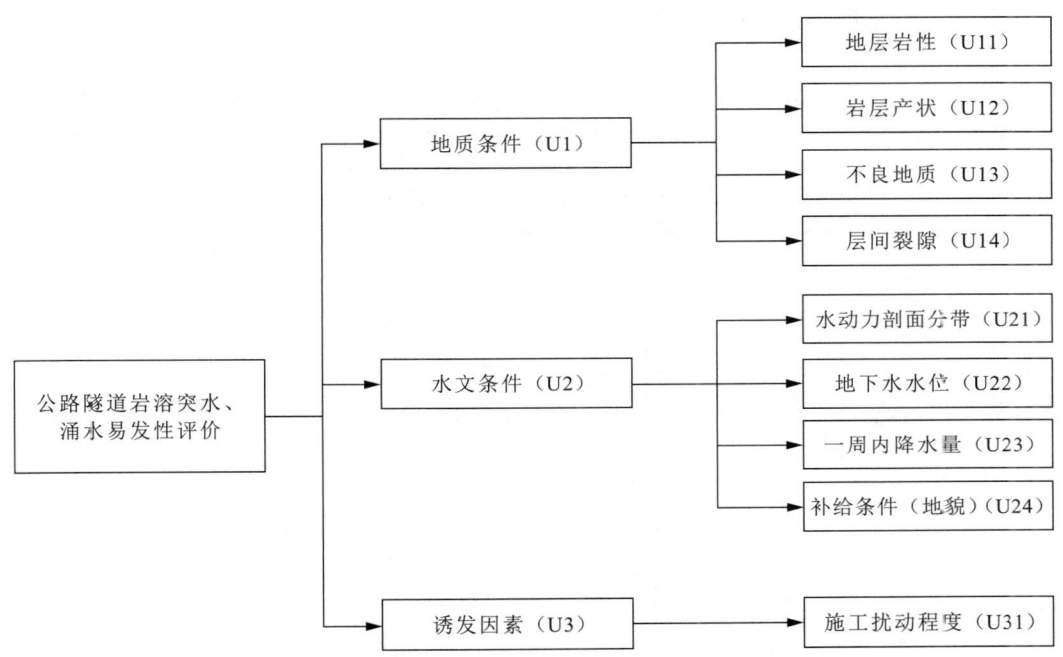

图 G.1 公路隧道岩溶突水、涌水易发性评价体系

将各二级指标进行细化，各自对应 4 个危险等级，并赋予一定的分值（表 G.1）。根据各指标及其相互之间对公路隧道岩溶突水、涌水影响的比较（定性），构造数值判断矩阵确定各指标对突水、涌水灾害的影响程度，计算出各指标的权重分配（表 G.2）（定量），最后计算易发性评价总分值 K。根据总分值 K 确定公路隧道岩溶突水、涌水灾害的易发性划分等级（表 G.3）。

易发性评价总分值 K 可按下式计算：

$$K = \sum_{i=1}^{4} U_{1i}\delta_{1i} + \sum_{i=1}^{4} U_{2i}\delta_{2i} + \sum_{i=1}^{1} U_{3i}\delta_{3i} \quad\quad\quad\quad (G.1)$$

式中：
δ_{1i}、δ_{2i}、δ_{3i} ——各二级指标权重；
U_{1i}、U_{2i}、U_{3i} ——各二级指标分值。

表 G.1 公路隧道岩溶突水、涌水评价指标及其易发性分级标准

一级指标	二级指标	突水、涌水易发性级别（相应分值范围）			
		Ⅰ(8～10分)	Ⅱ(5～8分)	Ⅲ(2～5分)	Ⅳ(0～2分)
地质条件	地层岩性（定性描述）	岩溶强发育层	岩溶中等发育层	岩溶弱发育层	非可溶岩层
	岩层产状/(°)	25～65	10～25/65～80	80～90	0～10
	不良构造（定性描述）	强致灾性	中致灾性	弱致灾性	无致灾性
	节理裂隙（定性描述）	裂隙强发育	裂隙中等发育	裂隙弱发育	裂隙不发育
水文条件	水动力垂直（剖面）分带	水平径流带	深部缓流带	季节变动带	垂向渗流带
	地下水水位（隧道底板至地下水水位高程)/m	＞60	40～60	20～40	＜20
	降水（一周内降水量）	暴雨	中雨	小雨	无雨
	补给条件[地形地貌（负地形面积占比/%)]	＞60	40～60	20～40	＜20
诱发因素	施工扰动（定性描述）	爆破扰动		钻探扰动	无

表 G.2 公路隧道岩溶突水、涌水各级指标权重分配表

一级指标	二级指标	指标权重	
		二级指标权重	一级指标权重
地质条件	地层岩性	0.21	0.70
	岩层产状	0.04	
	不良构造	0.37	
	节理裂隙	0.08	
水文条件	水动力垂直（剖面）分带	0.11	0.23
	地下水水位	0.06	
	降水	0.02	
	补给条件（地形地貌）	0.04	
诱发因素	施工扰动	0.06	0.06

表 G.3 公路隧道岩溶突水、涌水易发性等级划分

易发等级	易发类型	表现形式	评分/分
Ⅰ	高易发性	涌水量≥20 000 m³/d,地下水水位出现较大变化,岩层较软,地面出现塌陷,对围岩支护造成极大影响	8～10
Ⅱ	中易发性	10 000 m³/d≤涌水量＜20 000 m³/d,地下水水位出现明显变化,地面出现大面积沉降,对围岩支护造成较大影响	5～8
Ⅲ	低易发性	2 000 m³/d≤涌水量＜10 000 m³/d,地下水水位在一定范围内出现变化,对围岩支护造成一定影响	2～5
Ⅳ	非易发区	涌水量＜2 000 m³/d,地下水水位变化不明显	0～2

附 录 H
（资料性附录）
公路隧道岩溶水文地质问题处治措施

H.1 概述

公路隧道岩溶水文地质问题大致主要可分为两类：一类是岩溶水害问题；另一类是由岩溶空洞导致的结构稳定性问题。

H.2 岩溶水害防治

H.2.1 裂隙型突水、涌水防治

碳酸盐岩裂隙岩体具有较高的透水性和富水性，宽大裂隙和溶隙常是引发突水、涌水的灾害源。
a) 岩溶裂隙地段应加密隧道衬砌背后排水盲管及边墙泄水孔，加大泄水孔孔径。
b) 岩溶水量大、水压高的岩溶裂隙地段，隧道衬砌应采用钢筋混凝土，并具有一定的抗水压能力。
c) 集中涌水的岩溶裂隙应采用专管引排至洞内水沟。
d) 当地下水发育或水压高时，施工期间可采取钻设超前集水钻孔，进行排水泄压。
e) 地下水环境敏感区域需对地下水进行限量排放时，可采用注浆堵水，隧道衬砌应采用钢筋混凝土。

H.2.2 断层型突水、涌水防治

断层是在岩体形成后的地质运动过程中，沿岩体内破裂发生明显位移的地质构造。断层周围存在的结构称为断层破碎带，其横断面可以分为构造岩带和断层影响带两个带。断层型突水根据机理不同可分为直接突水和间接突水两类。构造岩带与含水层贯通，在隧道推进至断层影响范围内时突水为直接突水；断层影响带与含水层贯通，在力学作用下断层活化发生的突水为间接突水。针对断层型突水、涌水的防治应多方法结合，综合采用超前地质预测预报、全断面超前预注浆、超前大管棚、加强型抗水衬砌以及放水等措施预防。对于地下水环境不敏感区域，宜采用疏干方法进行一定的探放水工作，使水压降低、水量减少，从而降低突水、涌水风险。

H.2.3 溶洞溶腔型突水、涌水防治

溶洞溶腔常分布在气候温湿、碳酸盐岩连续分布且厚度较大的岩溶发育地区。溶洞溶腔具有蓄水性，可和地下河管道等相互连通。
a) 开挖前，根据溶洞溶腔形态特征及风险评估结果，制定超前预报和疏排水方案。
b) 富水型填充溶洞溶腔应加密衬砌排水盲管及边墙泄水孔，加大泄水孔孔径。
c) 地下水环境不敏感区域宜采用排水降压措施释放腔内能量，减小溶腔压力，降低施工风险；地下水环境敏感区域，应采取注浆堵水措施，防止地下水流失。

H.2.4 地下河型突水、涌水防治

隧道平面上穿越地下河管道时,应在勘察阶段充分利用物探、钻探等手段查明地下河管道位置及地下河影响段,施工期间应监测地下河管道水水位、流量、温度等。对地下河管道处治措施应符合下列要求:

a) 当隧道揭穿地下河时,应根据隧道与地下河的相对关系采取地下河上跨隧道、地下河下穿隧道、地下河改移等处理措施。

b) 原则上应维持既有地下河排泄通道,当不能维持但可恢复既有排泄通道时,应增设引水构筑物。引水构筑物可采用涵洞、集水廊道倒虹吸"U"形槽等;当无法维持或恢复既有排泄通道时,可利用平导或增设泄水洞等进行引排。

c) 穿越地下河段宜在旱季施工。

采取地下河上跨隧道、地下河下穿隧道方案时,具体防治措施如表 H.1 所示。

表 H.1 地下河型突水、涌水防治措施

类型	处治措施
上穿地下河岩溶管道	岩溶管道和隧道之间有一定的岩盘时,岩溶管道与隧道形成上穿过水型岩溶管道,在这种地质条件下,原则上维持过水管道系统,隧道施工中采用加强初期支护和二次衬砌结构
下穿地下河岩溶管道	原则上维持过水管道系统。当下穿岩溶管道与隧道之间岩盘厚度大于 5 m,且岩溶管道直径小于 2 m 时,初期支护采用钢架支撑,加强锚网喷防护,二次衬砌采用加强型结构衬砌型式,必要时采用抗水压衬砌结构。当下穿岩溶管道与隧道之间岩盘厚度小于 5 m,岩溶管道直径大于 2 m 或岩柱厚度小于 5m 时,采用托梁＋钢筋混凝土板跨越结构进行处理,由跨越结构承受荷载。同时,初期支护和二次衬砌也应采用加强结构型式,必要时采用抗水压衬砌结构

H.3 岩溶空洞处治

H.3.1 岩溶裂隙处治

受地质构造影响,在断层或不同岩性交界面处会发育不同程度和不同特性的岩溶裂隙。岩溶裂隙有的以填充黏土为主,有的无填充,有的则以充水为主。施工中,应对不同特性的岩溶裂隙采取针对性措施。岩溶裂隙的处治措施如表 H.2 所示。

表 H.2 岩溶裂隙处治措施

类型		处治措施
无填充		修正围岩级别,调整施工方法(如采用台阶法、超前小导管预注浆加固、开挖后采用钢架支撑或及时进行二次衬砌)
充水	顺坡施工($Q \leq 300$ m³/h,$P_w \leq 0.5$ MPa) 反坡施工($Q \leq 100$ m³/h,$P_w \leq 0.5$ MPa)	爆破后局部注浆,采用径向注浆措施处理充水型溶槽
	顺坡施工($Q > 300$ m³/h,$P_w > 0.5$ MPa) 反坡施工($Q > 100$ m³/h,$P_w > 0.5$ MPa)	超前预注浆堵水措施

注:Q 为岩溶涌水量;P_w 为岩溶水的水压力荷载标准值。

H.3.2 岩溶洞穴处治

在隧道施工中,对于岩溶洞穴的处治应综合考虑岩溶洞穴的填充特征、所处位置和施工现状,采用跨越、绕避、加固等措施。

a) 跨越。按结构形式可分为梁跨、板跨、拱跨等。
b) 绕避。在选择线路方案时,对已查明或预测的网状洞穴、巨大空洞已作了绕避。但在施工中,仍有可能揭露出网状洞穴或巨大空洞,这时施工建筑物较为困难或造价甚高,且受前后正在施工的工程限制,线路要作较大的变动已不可能,只得将线路作局部改移,绕避洞穴。
c) 加固。为防止洞穴坍塌或加强洞穴顶板岩层的稳定性而实施的措施。结合工程的具体情况,可采用各种类型的桩、浆砌支柱、混凝土块、锚杆及回填等措施。加固技术广泛应用于岩溶洞穴处治,处治措施如表 H.3 所示。

表 H.3 岩溶洞穴处治措施

岩溶洞穴类型	处治措施
无填充	清除岩溶洞穴表面浮土,再采用 C25 混凝土进行回填处理
有填充	采用 C25 喷射混凝土回填或采取锚网喷防护措施
隐伏型	采取局部注浆措施,对隐伏岩溶进行注浆回填或注浆固结

H.3.3 大型溶洞、管道处治

岩溶地区普遍发育的大型溶洞和管道分为无填充干溶洞和管道以及填充型溶洞和管道两类,处治措施如表 H.4 所示。

表 H.4 大型溶洞和管道处治措施

溶洞和管道类型		填充类型	处治措施
大型溶洞		无填充型干溶洞	对于大型岩溶,拱部及边墙主要采取回填措施,基底应根据其发育特点采用相应的处治方案,如托梁+板跨方案、型钢混凝土+板跨方案、钢管群桩加固方案、桩基+承台方案和路基方案
	填充型	填充淤泥型	应立即封闭掌子面,然后采用超前预注浆加固淤泥质地层,采取超前大管棚支护,采用台阶法(平导可采用全断面法)进行安全开挖。开挖后立即进行径向补充注浆及二次衬砌,二次衬砌采用加强型结构
		填充粉质黏性土型	鉴于粉质黏性土层有一定的自稳能力,可采用超前小导管支护,采取台阶法分步开挖,钢架支撑进行安全开挖,开挖后立即进行径向加固注浆。基底可采用钢管群桩进行加固。加固后及时进行二次衬砌,二次衬砌根据水压力测试结果采用抗水压衬砌结构型式
		填充粉细砂型	封闭掌子面,然后采用超前预注浆加固粉细砂层,采取超前大管棚支护,采用台阶法或 CRD 工法进行安全开挖。开挖后立即进行径向补充注浆以及二次衬砌,二次衬砌根据水压力测试结果采用抗水压衬砌结构型式
		填充块石土型	封闭掌子面,然后采用超前预注浆加固块石土,采取超前大管棚支护,采用台阶法进行安全开挖。采用 I18 钢架支撑,间距 1 榀/0.5 m,采用 C30 钢筋混凝土二次衬砌结构型式

续表 H.4

溶洞和管道类型	填充类型		处治措施
大型管道	无填充且不过水型	拱部及拱腰部位	充分考虑溶腔防护层、结构防护层、初支加强层、结构保护层、缓冲层和结构排水系统等综合措施
		边墙	采用浆砌片石回填,回填厚度 2 m~5 m
		基底	深度小于 5 m 时,采用 C25 混凝土回填;深度大于 5 m 时,采用隧道弃渣回填基底 5 m 范围的以下部分,再采用 C25 混凝土回填
	填充泥砂型	以静储量为主且规模不大,水量小于 50 m³/h,稳定,可采取后处治措施	对开挖轮廓线外 5 m 范围内进行锚网喷防护,对岩溶管道及其影响段采用钢架支护;采用浆砌片石对开挖轮廓线外 3 m~5 m 范围进行回填;预埋 PVC 排水盲管,以保持原有水系排泄通畅;根据测试水压力大小,确定抗水压二次衬砌结构,以确保结构的安全稳定,保证隧道运营期间的安全
		填充泥砂型岩溶管道补给量丰富,可能存在突水突泥灾害	宜采取超前预注浆＋超前大管棚综合处治措施;采用短台阶法开挖,及时施作二次衬砌,二次衬砌采用相应的抗水压加强型衬砌结构
	填充块石型	岩溶管道	应采取超前大管棚支护并注浆措施,采用短台阶法开挖,径向注浆补强注浆,采用钢管桩对基底岩溶管道进行加固,及时施作二次衬砌,二次衬砌采用加强型结构型式

附 录 I
（资料性附录）
湖北省地方标准实施信息及意见反馈表

湖北省地方标准实施信息及意见反馈表见表I.1。

表 I.1 湖北省地方标准实施信息及意见反馈表

标准名称及编号				
总体评价	适用性	该标准与当前所在地的产业或社会发展水平是否相匹配？	□是	□否
	协调性	该标准的特色要求与其他强制性标准的主要技术指标、相关法律法规、部门规章或产业政策是否协调？	□是	□否
	执行情况	标准执行单位或人员是否按照标准要求组织开展相关工作？	□是	□否
实施信息		标准实施过程中是否存在阻力和障碍？	□是	□否
	实施过程中存在的主要问题			
修改意见	总体意见	□适用 □修改 □废止		
	具体修改意见	需修改章节： 具体修改意见：		
反馈渠道	□标准化行政主管部门 □省直行业主管部门 □专业标准化技术委员会(工作组) □标准起草组(牵头起草单位)			
反馈人	姓名：	单位：		联系方式：
注：为及时掌握标准实施情况，了解地方标准实施过程中存在的问题，并为标准复审提供科学依据，特制定《湖北省地方标准实施信息及意见反馈表》。可根据实际情况在表格中对应方框打勾，有需要文字说明的反馈意见可在相应位置进行文字描述，也可另附页。				

湖 北 省 地 方 标 准

公路隧道岩溶水文地质勘察规程

DB42/T 2353—2024

条 文 说 明

目　次

1 范围 ··· 81
4 基本规定 ··· 81
  4.1 一般规定 ··· 81
  4.2 公路隧道岩溶发育程度等级划分 ··· 82
  4.3 公路隧道岩溶水文地质复杂程度等级划分 ··· 83
5 勘察阶段及技术要求 ··· 84
  5.1 一般规定 ··· 84
  5.2 工可水文地质勘察 ··· 86
  5.3 初步水文地质勘察 ··· 86
  5.4 详细水文地质勘察 ··· 86
  5.5 施工水文地质勘察 ··· 86
6 水文地质遥感 ··· 87
  6.1 一般规定 ··· 87
  6.2 遥感解译的内容 ··· 87
7 水文地质调绘 ··· 87
  7.1 一般规定 ··· 87
  7.2 岩溶调查 ··· 87
  7.3 岩溶水系统调查 ··· 89
  7.4 岩溶环境问题调查 ··· 89
8 水文地质物探 ··· 89
  8.1 一般规定 ··· 89
  8.2 物探外业工作 ··· 90
9 水文地质钻探 ··· 92
  9.1 一般规定 ··· 92
  9.2 钻探要求 ··· 92
  9.3 钻探编录 ··· 93
10 水文地质试验 ·· 93
  10.2 示踪试验 ·· 93
  10.3 注水试验 ·· 94
  10.4 抽水试验 ·· 95
  10.5 压水试验 ·· 95
  10.6 微水试验 ·· 96
11 地下水动态监测 ·· 96
  11.1 一般规定 ·· 96
  11.2 地下水动态监测方法 ·· 97

11.3 地下水动态监测频率 ··· 97
11.4 资料整理 ·· 97
12 水文地质参数计算 ··· 98
  12.1 一般规定 ··· 98
  12.2 渗透系数 ··· 98
  12.3 给水度和释水系数 ·· 98
13 岩溶水文地质评价 ··· 98
  13.1 一般规定 ··· 98
  13.2 隧道涌水量计算 ··· 98
  13.3 隧道水压力计算 ·· 101
  13.4 岩溶危险性评价 ·· 101
  13.6 安全岩盘厚度的计算 ·· 101
14 专项公路隧道岩溶水文地质勘察报告编制 ··· 102
  14.1 一般规定 ·· 102
  14.2 文字报告要求 ·· 102
  14.3 图件、附表及附件要求 ··· 103

1 范围

湖北省是我国岩溶地貌强烈发育的省份之一，岩溶隧道涌水、突水、突泥、大型溶洞失稳等岩溶地质问题突出，危害性大，风险极高，给隧道建设和运营带来了诸多困难，因此公路隧道岩溶水文地质勘察工作尤其重要。为规范公路隧道岩溶水文地质勘察技术标准，本文件总结和吸收了湖北省近年来公路隧道岩溶水文地质勘察的经验和科研成果，特别是沪蓉西高速公路、来咸高速公路、宜来高速公路等公路隧道岩溶水文地质勘察科研成果，体现了湖北省公路隧道岩溶水文地质勘察的水平。统一勘察标准、提高技术水平、保障施工与运营安全是制定本文件的指导思想。

岩溶区地下水发育是其主要特点，隧道施工时可能发生涌水、突水、突泥，如沪蓉西高速公路与来咸高速公路的岩溶区多座隧道在建设过程中发生了多次突水、突泥，不仅威胁了施工安全，而且对隧道区环境造成了破坏；G42高速公路峡口隧道在运营过程中发生了岩溶水击穿隧道衬砌，严重威胁行车安全。因此要求勘察设计阶段、施工阶段，甚至运营阶段必须进行岩溶水文地质勘察与评价，并采取有效措施保障隧道施工与运营安全，防止对周边环境造成破坏。

公路隧道自开展岩溶水文地质勘察工作以来，经历了单一勘察手段、多手段配合、综合勘察手段应用的发展过程，岩溶水文地质勘察必须注意研究新理论、开发新技术、应用新方法，才能适应公路隧道建设需要。卫星影像、航空摄影等新技术、新方法大幅提高了资料的编制效率和节省了工程师的劳动强度，新的物探方法、仪器、解译软件的开发和利用，也使物探工作取得了长足的进步，已成为公路隧道岩溶水文地质勘察中不可缺少的重要手段，钻探及原位测试设备的更新也使其应用领域不断拓展，隧道涌水量的计算理论也大幅提高了计算精度，多种勘察手段和分析方法的综合应用使得公路隧道岩溶水文地质勘察取得了新进展。

4 基本规定

4.1 一般规定

4.1.1 公路隧道岩溶水文地质勘察深度一般与设计阶段保持一致，但对于特长隧道、控制路线方案的长隧道以及岩溶水文地质条件复杂的隧道，因对路线方案的确定往往具有决定性影响，宜适当超前进行水文地质勘察工作，尤其在初步设计阶段就要求对岩溶水文地质条件有较明确的结论。

随着我国国民经济的发展，高速公路等基础设施建设向复杂山区延伸，隧道在穿越岩溶地区时，可能遭遇大型岩溶洞穴、暗河或管道流，发生大规模涌水、突水、突泥，并可能引起岩溶地面塌陷，地表水源枯竭，引发严重的环境地质问题，特别是隧道一旦与大型暗河管道串通，易造成重大人身安全事故，后果十分严重，岩溶地区路线位置的选择应更加慎重。

4.1.2 因岩溶发育异常复杂，单一的勘察手段往往难以准确查明岩溶的具体发育形态和规模，无法明确其对路线方案的影响程度。隧道工程地质与水文地质勘察主要采用遥感解译、地质调绘、地球物理勘探、钻探及测试试验、地下水长期监测等多种方法，才能查明隧道所经地区的地形地貌、地层岩性、地质构造、地下水的补给—径流—排泄条件以及岩体物理力学参数等，才能准确分析评价隧道工程地质及水文地质条件。

要重视地质选线工作。当一条高速公路的基本走向和技术标准确定以后，地形、地质条件将成为路线位置选择的决定性因素，这一决定性因素的作用在湖北省恩施、宜昌、神农架林区等地区尤为突出,地质条件对路线方案的选择在这些地区具有突出的控制作用。只有充分地认识路线通过区域的地质条件,认真做好多方案比选,才能建设出一条经济合理、方案科学、高质量的现代化高速公路。地质选线的关键是通过大范围地质条件对比分析及技术、经济比选,选择满足高速公路建设要求且地质条件相对较好的路线方案,达到人与自然和谐发展。

4.2 公路隧道岩溶发育程度等级划分

4.2.2 研究一个地区的岩溶发育程度需要结合该地区的岩溶层组类型、地质构造条件、岩溶地貌部位(河谷、分水岭及谷坡)以及岩溶发育历史等特点综合考虑,确定岩溶发育程度的标准通常是岩溶现象、岩溶密度、钻孔岩溶率(包括钻孔线岩溶率、钻孔遇洞率)、暗河或泉流量等,划分的等级有强发育、中等发育、弱发育3个等级或强发育、中等发育、弱发育、微发育4个等级,因微发育对隧道的影响小,本文件总结了湖北省公路隧道建设的经验,从工程实际出发,根据岩溶发育特征与岩溶水特征定性及定量指标将湖北省公路隧道岩溶发育程度划分为强发育、中等发育、弱发育3个等级。

湖北省的可溶岩主要为碳酸盐岩系,从古生界到中生界,各种不同地层的碳酸盐岩系均发育有不同程度的岩溶现象。野外调查表明,碳酸岩盐分布地区的地层岩性对岩溶发育的影响主要表现为以下几个方面:

- a) 碳酸盐岩成分。岩溶发育分布最集中于寒武系(ϵ)、奥陶系(O)、石炭系(C)、二叠系(P)、三叠系(T)等灰岩地层中,而在下震旦统(Z_1)、志留系(S)、泥盆系(D)、上三叠统(T_3)、侏罗系(J)和白垩系(K)的碎屑岩中不发育岩溶。鄂西南地区岩溶最发育地层为下三叠统嘉陵江组(T_1j)灰岩。鄂西南地区岩溶发育程序从强至弱的地层为下三叠统嘉陵江组(T_1j)灰岩→上寒武统三游洞群(ϵ_3S)灰岩→下奥陶统南津关组(O_1n)灰岩→石炭系(C)灰岩→二叠系(P)灰岩→中寒武统(ϵ_2)灰岩→中上奥陶统(O_{2+3})灰岩。
- b) 碳酸盐岩结构与构造。碳酸盐岩的结构,一般晶粒越粗,溶解度就越大,岩溶发育也就越强烈,粗粒结构的岩石空隙大,吸水率高,抗侵蚀能力弱,有利于溶蚀。碳酸盐岩的成层构造,一般岩层越厚,岩溶就越发育,这是由于厚层碳酸盐岩含不溶物较少,溶解度较大;薄层碳酸盐岩常含较多泥质,溶解度较小,故岩溶化程度较弱。
- c) 碳酸盐岩的岩层组合关系。碳酸盐岩岩层的组合通常可分为单一状和间互状两种形式,单一状岩层是指全部由单一的碳酸盐岩所组成的岩溶地层,或碳酸盐岩中夹非碳酸盐岩地层厚度很小(一般不超过10%)且变化不稳定的岩溶地层。此岩层组合多以质纯的厚层块状灰岩或白云岩为主,局部亦夹有少量的薄至中厚泥质、白云质灰岩或泥质白云岩。一般来说,岩溶最发育的是全部以纯碳酸盐岩成的岩层组合。间互状岩层组合是指碳酸盐岩与非碳酸盐岩组成互层(非碳酸盐岩占40%~60%)或夹层(非碳酸盐岩占10%~40%或60%以上)的岩溶地层。这类岩层组中,岩溶化程度随着非可溶性岩层的增多而减弱。

地质构造与岩溶发育的关系极为密切。工程实践证明,它不仅控制岩溶发育的方向,而且影响岩溶发育的规模和大小。

- a) 碳酸盐岩与非碳酸盐岩空间位置的组合关系对岩溶发育有着重大影响,由于碳酸盐岩层透水性较强,碎屑岩为不透水层或弱透水层,因此它们在空间位置上的不同排列,构成了不同的水径流条件与不同的岩溶发育规律。例如产状平缓的灰岩,上覆页岩时,因受页岩的阻隔,灰岩不能从垂直方向得到降水的直接补给,只能从水平方向得到地下水补给,因此岩溶一般不发育,只是在地表沟谷切割剧烈的情况下,在沟底下部及两侧产生较强的岩溶作用,形成明显的岩溶现象;陡倾或直立产状的灰岩与砂页岩相间排列时,两者的接触带是岩溶水动力现象最活跃的场所,岩溶作用强烈,常在这些接触带附近形成一系列的落水洞、漏斗及岩溶泉现象。

    b) 不同性质的断裂对岩溶发育的控制作用不同,断裂构造使岩层产生大量的裂隙,为岩溶水活动和岩溶作用提供了极为有利的条件。张性断裂带岩溶化程度通常很强烈,因张性断裂带受张拉应力作用,破碎带的宽度一般不大,但张裂程度较大,断裂面粗糙不平,断层角砾岩的角砾棱角尖锐,大小混杂,结构疏松,裂隙率高,常为岩溶水的有利通道,故通常岩溶作用和岩溶化程度最为强烈。沿断裂带发育的溶洞比较多,规模也比较大。压性断裂带的岩溶则一般不发育。压性断裂带多由压碎岩、糜棱岩和断层泥组成,一般呈致密胶结状态,孔隙率低,不利于岩溶水的流通,相较于其他类型的断层而言,其岩溶作用最弱,岩溶化程度也最轻微。值得注意的是,有时在压性断裂带上盘(或下盘)也可能出现强烈的岩溶化现象。扭性断裂带岩溶作用深度一般较大。由于扭性断裂带受剪应力的作用,既有岩石的糜棱化,也存在次一级的构造裂隙。断裂面多陡倾或直立,延伸较深远,有利于岩溶水向纵深方向活动,故岩溶作用的深度一般较大。此外,沿着密集的张扭性断裂带还常发育有一些规模较大的溶洞和廊道,这是由此带在岩溶作用过程中常伴生剧烈的坍塌作用所致。构造节理与层间裂隙的交接处岩溶作用强烈。这里所指的层间裂隙主要是在构造作用下,由岩层层面之间的相对移位而产生的裂隙,工程实践证明,很多岩溶现象是沿节理及层面裂隙发育的,这类洞穴的顶板安全条件较差。

    c) 褶皱各部位的岩溶发育特征。背斜轴部是产生张应力的地方,节理发育,在地形上往往处于山区分水岭地段,雨水或地表水沿这些节理裂隙作垂直运动,然后再向两翼或沿地质构造线方向运动,故岩溶多以落水洞、漏斗、洼地等为主,并具有与构造轴线一致的带状分布特征,在岩溶水运动系统中,此处一般属于补给部位。向斜轴部在岩溶水运动系统中属聚水区或排泄区,岩溶水往往富集于轴部,或循构造轴向流动,或向地表河流排泄,因此一般在向斜谷中常发育有暗河。同时,轴部发育的垂直裂隙岩溶化,形成了一系列与暗河相连通的漏斗、落水洞、竖井等垂直形态,从这些形态在地面的排列大致可以看出暗河的延伸情况。褶皱翼部在岩溶水运动系统中居于径流部位,流速大,水动力作用活跃,岩溶化程度最强烈,尤以临近向斜轴部或河谷边缘地区更甚。在这一部位既发育有水平岩溶形态,也发育有与地表相联系的垂直岩溶形态。褶皱的转折端是岩溶发育的集中场所。

    d) 岩溶发育与挽近期地壳抬升的影响关系。在鄂西南地区,自挽近期以来,间歇性上升地表差异隆起产生了3级大型夷平面,一级夷平面高程1 900 m～2 000 m,二级夷平面高程1 700 m～1 900 m,三级夷平面高程600 m～1 000 m,而清江两岸溶洞在垂直空间普遍具有成层性,共分8层。Ⅰ层洞口高程大于1500 m,Ⅱ层洞口高程1 100 m～1 300 m,Ⅲ层洞口高程960 m～1 000 m,Ⅳ层洞口高程600 m～800 m,Ⅴ层洞口高程440 m～580 m,Ⅴ层洞口高程330 m～420 m,Ⅶ层洞口高程200 m～300 m,Ⅷ层洞口高程大于200 m。地壳间歇性抬升体现出地表多层岩溶的发育。由于全新统地表强烈上升,地下水侵蚀下切形成地下暗河,鄂西南深切的谷地中干沟、盲谷较为普遍,证明地壳上升速度大于地表水侵蚀下切速度,但暗河埋深不会过深,现代侵蚀基准面高程不会过低。

4.3 公路隧道岩溶水文地质复杂程度等级划分

4.3.1～4.3.3 大气降水直接补给岩溶水是各岩溶区的普遍现象。由于岩溶区内分布有大量落水洞、塌陷、漏斗以及溶隙、溶沟等,降水可直接经过这些地方潜入地下补给岩溶水,因此在这些地区内一般很难看到完整的地表水系,而主要的径流系统则被岩溶地下水系代替。暴雨季节分布于河谷底部的落水洞、漏斗等常因存在于其下部的暗河通道排水不畅,地下水流即从这些地方上冒,故平时的落水洞可以暂时变为冒水孔,平时无水的干谷此时可被岩溶水淹没,成为滚滚洪流。当地表水由非岩溶区流进岩溶区时,常集中于暗河口或巨型落水洞注入地下补给位于深处的岩溶水,当岩溶水向非岩溶区流出时,亦常集中于岩溶区的边缘补给地表水沟。因此,岩溶区的边缘常是地表水补给岩溶水或岩溶水补给地表水的最显著、最活跃的地方。

岩溶发育在很大程度上受地表水和渗透条件的影响,而这两者又常受地貌条件的影响,如地面坡度、切割密度和深度、水系分布等。因此,地形地貌条件不同,岩溶发育过程也不同。地面坡度大小直接影响渗透量,坡度越平缓,地面径流流速越缓慢,渗透量越大,岩溶越发育;坡度越大,径流速度越快,渗透量越小,岩溶发育越弱。岩溶平原区,容易发育埋深较浅的地下廊道和暗河;宽平微切割的分水岭地带,在较浅地带发育水平岩溶形态;深切山地、高原等地区,以垂直岩溶形态为主,只是在深部潜水面附近发育水平岩溶形态。低平地区在地壳发生抬升作用后,溶蚀会由水平溶蚀为主转变为以垂直溶蚀为主。水系和河流网密度大会加大地表径流,减小渗透水量,相对减缓垂直入渗带和地下水季节变化带内的岩溶发育。

强岩溶含水层一般在地表能够争取到更多的汇水面积,汇水进入地下后,溶蚀能力大于中等和弱岩溶含水层,在地表形成较大的槽谷和洼地,漏斗、落水洞等形态大量发育。强岩溶含水层地区,汇水面积越大,即补给面积越大,汇集的水量就越大。当隧道经过该区域时,岩溶水就可能进入隧道,发生突水。一般认为,当汇水面积 $S \geq 10 \text{ km}^2$ 时,可引起大型、特大型突水;当汇水面积 $5 \text{ km}^2 < S < 10 \text{ km}^2$ 时,可引起小型、中型突水;当汇水面积 $S \leq 5 \text{ km}^2$ 时,可引起小型涌水或渗漏水。

在岩溶化山区的分水岭和斜坡地带,考虑岩溶对工程的影响,除应掌握该区的岩溶水运动特征外,还需了解这一地区的岩溶水动力断面分带与岩溶蓄水构造类型。岩溶水动力断面分带及岩溶蓄水构造类型的划分,对指导公路选线、预测隧道涌水量以及确定相应的工程措施等,具有重要的理论意义与实用价值。在单一碳酸盐岩及碳酸盐岩与非碳酸盐岩层倾斜组合的地区,岩溶水的动力断面均有垂直分带性,由于各带所处相对部位不同,岩溶水和岩溶洞穴发育的特征亦有区别,因此,在选线时如何预测岩溶水及洞穴的危害程度以选定工程建筑的适当位置,以及为克服这些危害需要采取怎样的措施,都建立在认识和查清垂直分带的基础上。岩溶水的垂直分带不仅是理论探讨上的需要,更重要的在于工程上的应用价值。目前我国普遍运用的岩溶水动力断面的3个分带,即垂向渗流带、季节变动带、饱水带(又可分为水平流动带、深部滞流带),基本是引用苏联索科洛夫等学者关于岩溶水循场的断面分带概念。

在垂直循环带中,地下水自上而下垂直流动,主要发育有漏斗、落水洞、竖井等垂直岩溶形态;在季节循环带中,地下水既有垂直运动,也有水平运动,岩溶既有垂直岩溶形态,也有水平岩溶形态;在水平循环带中,地下水基本进行水平运动,溶洞、暗河等水平岩溶形态较发育,在接近排水谷底的部分,水具有减压性质,常有放射性的岩溶形态;在深循环带中,地下水流动缓慢,岩溶形态的形成过程也非常缓慢,长期作用的过程中形成规模不大的小溶洞和溶孔,因此地下岩溶的形态也具有垂直分带的特征。

5 勘察阶段及技术要求

5.1 一般规定

5.1.1 公路隧道岩溶水文地质勘察一般与工程地质勘察同步进行,根据设计阶段可分为工程可行性研究阶段水文地质勘察、初步设计阶段水文地质勘察和施工图设计阶段水文地质勘察 3 个阶段。因岩溶隧道水文地质条件往往对隧道方案具有决定性影响，在初步设计阶段就要求有较明确的结论，故岩溶隧道水文地质勘察往往在初步设计阶段即按详细水文地质勘察的要求开展工作。

5.1.2 对控制线路方案或影响公路安全的岩溶水文地质条件复杂程度等级为复杂地段的公路隧道，应综合考虑路线所在地区的岩溶发育程度和岩性条件，确定路线位置，当路线必须经过可溶岩地层时，应尽量选择较难溶解的岩层或岩溶不发育区通过，因此在工程可行性研究阶段宜开展专项岩溶水文地质勘察工作。

5.1.3 岩溶发育异常复杂，目前的勘察手段难以准确查明岩溶的具体发育形态和规模，因此要求建设过程中根据施工揭露的具体岩溶水文地质情况，决定是否进行施工阶段的专项岩溶水文地质勘察工作，为设计与施工提供更详细的资料，以防止地质灾害发生，危害施工人员生命安全及造成不必要的财产损失。

5.1.4 应注重公路隧道岩溶水文地质勘察程序。岩溶发育虽然总体具有规律性，但也存在个体的偶然性，因此充分利用已有资料和地方资源，重视走访调查，可使岩溶水文地质勘察达到事半功倍的效果。因此，公路隧道岩溶水文地质勘察应首先收集、分析区域地质资料，了解隧道所在区域岩溶发育规律、期次、演变历史及各期次岩溶总体特征，然后通过走访调查，配以适当的物探、连通试验等，掌握隧址区附近岩溶地下水分布情况，分析其与隧道的关系及可能存在的影响，再针对性地布置物探、钻探、试验等工作，查明对隧道有影响的岩溶地下水特征。

对于特定的岩溶隧道，具体勘察工作要求如下：
a) 在充分分析研究既有资料的基础上，以遥感判释先行，对发育规模宏大的暗河系统进行扩大范围、深入的地质测绘和岩溶水文地质调查。
b) 对与隧道关系密切的暗河、溶洞开展进洞调查，进行示踪试验、水化学分析试验，调查所有暗河的高程、流量及其发育特征，详细查明暗河的补给、径流、排泄路径，空间展布，流量动态变化等。
c) 采用先进的物探方法和仪器设备（如电磁法、跨孔 CT 等）进行综合地球物理探测，结合孔内声波透视及孔内全景式数字摄影，查明隧道深部的地层岩性、地质构造，探明岩溶空间发育程度，深部岩溶存在的可能性，暗河位置和规模等。
d) 在充分分析调查、测绘、物探资料的基础上，布置适量的深孔验证深部地层岩性、地质构造和物探异常；利用深孔进行地温、瓦斯、地应力的测试，水文地质试验及综合测井等工作，取得相关的参数及资料。
e) 进行复杂程度划分；选取与隧道密切相关的泉、暗河进出口、地表河流等进行长期流量动态监测，并选择有代表性的地段建立气象监测站。
f) 采用地质分析法、统计分析法、工程地质类比法等分析评价岩溶隧道工程地质及水文地质条件，对可能发生重大地质灾害的原因、性质、位置或地段、规模、危害程度，提出相应的工程处治措施建议。
g) 进行复杂程度分级，对施工阶段超前预测预报工作提供指导。

岩溶发育在空间上具有不均一性，岩溶水文地质条件具有复杂性，必须利用多种勘察手段和方法进行综合研究，在通常情况下，岩溶工程地质勘察的工作量要比非岩溶地区大得多。

5.1.5 为研究岩溶水发育特征，勘察范围较非岩溶地区要适当扩大，在通常情况下，需要包括工程地区一个完整的岩溶水文地质单元。

5.2 工可水文地质勘察

5.2.1 在工程可行性研究阶段,路线方案的研究要求在 1∶10 000 或更小比例尺的地形图上进行,鉴于研究的比例尺较小,且工作深度有限,具体线位有待进一步研究,公路沿线的构筑物设置和路线上的纵向填挖情况等随着后续设计工作的深入均可能出现一定的变化,从工程方案的研究总体来看还是粗线条的。在工程可行性研究阶段,对公路隧道岩溶水文地质的勘察是概略的、初步的,更侧重于对宏观规律的把握。工可水文地质勘察以收集资料、走访调查为主,辅以必要的勘探手段进行。除对地形地貌、地层岩性、地质构造等一般地质条件进行调查外,区域性断裂、区域储水构造等水文地质条件是调绘的重点。

5.2.4 岩溶地区长隧道、特长隧道的隧址区的水文地质条件往往比较复杂,通过资料收集和现场调查不能判明隧址区的水文地质条件时,应采用必要的勘探测试手段进行勘察,并结合工程方案比选结果和设计需要编制水文地质资料。

5.3 初步水文地质勘察

5.3.2 在初步设计阶段,要求水文地质勘察基本确定隧道的设计方案,计算工程数量,初步拟定施工方案,编制设计概算。提供设计使用的水文地质资料必须满足工程方案论证、比选的需要,基于地质资料做出的工程设计在施工图设计阶段不得由于本阶段勘察工作的深度不够而出现重大变更,工程造价不得突破设计概算。岩溶强烈发育地带、可溶岩和非可溶岩的接触带、岩溶水富集区及岩溶水排泄带的地质条件异常复杂,隧道穿越时可能产生突水、涌水等地质灾害,应作为岩溶水文地质勘察工作的重中之重。

5.3.3 公路隧道岩溶水文地质条件对隧道工程选址及设计方案有很大的影响,隧道工程建设可能对环境产生的不利影响等问题也是水文地质勘察的重要内容。隧道工程选址及设计方案的工程地质比选是初步设计阶段一项重要的工作内容,进行隧址区水文地质及工程地质调绘,正确认识和把握隧址区的水文地质条件,是做好岩溶隧道选址及工程方案论证、比选的一项基础性工作。在初步设计阶段,应结合岩溶隧道选址及工程方案的比选、论证进行隧址区水文地质及工程地质调绘。岩溶隧道地下水发育是其主要特点,隧道施工可能发生突水、涌水,隧道施工风险大。而地下水分水岭和岩溶负地形之间地下水相对不发育,垂直渗流带一般为岩溶水补给区,地下水季节性发育,隧道施工风险相对较小。

5.4 详细水文地质勘察

5.4.3 补充水文地质调绘应包含地形地貌、地层岩性、地质构造、岩溶及岩溶水等,调绘的比例尺不小于 1∶2 000。对于影响隧道稳定的溶洞、洼地、漏斗、竖井、天窗、暗河等岩溶现象,在水文地质调绘的基础上,可辅以钻探、物探等多种手段相结合的综合勘察方法,多种方法研究与相互印证,查明公路隧道岩溶水文地质条件,明确其对路线方案的影响程度。

5.5 施工水文地质勘察

5.5.3 隧道的超前地质预报宜综合采用地质调查、物探、超前探孔等手段。超前地质预报探孔可采用超前地质钻孔、加深炮眼等,物探可采用地质雷达、地震波反射法、红外探测、高分辨直流电法等。地质条件复杂、安全风险较大的隧道,经技术、经济比选后可采用平行导洞或超前导坑进行超前地质预报。

6 水文地质遥感

6.1 一般规定

6.1.1 收集现有遥感影像资料进行遥感解译是进行地质调绘的一种重要手段，遥感影像资料具有覆盖面广、信息量丰富等特点，既可以进行区域宏观分析，又可以指导地面地质工作，大大减轻地质人员的劳动强度，减少调绘的盲目性，提高调绘质量。

6.1.2 卫星遥感影像简称卫片，航空遥感影像简称航片，在卫片或航片上分析判断地质现象的过程为遥感影像的地质判释（简称遥感判释或判译），采用航片或卫片可进行地形、地物、地貌、岩性、地质构造、不良地质的判释，如确定道路、水系、水点、岩溶洼地、地表塌陷等。

6.2 遥感解译的内容

6.2.1 在岩溶地区，特别是岩溶地貌发育地区，采用遥感技术可以较为宏观地确定岩溶发育特征，判断各种岩溶地表形态、地质构造，分析岩溶发育规律，宏观掌握岩溶水文地质条件及其复杂程度，概略划分水文地质单元。

6.2.2 由于遥感具有宏观性与直观性，可以不受时空的限制识别和追踪地质体，通过对地形地貌、地层岩性、地质构造、岩溶及不良地质现象的判释，可以指导地质调绘，经地质调绘验证，修正判释成果，从而对各方案的路线工程地质条件与水文地质进行分析和评价，以指导地质复杂地段的选线。

6.2.3 遥感解译受信息处理和比例关系等因素的影响也有其局限性，如影像失真、假象或对一些地质现象难以识别等。采用遥感解译与地面地质调绘相结合的方法开展工作可以取长补短，对调绘资料相互补充验证，提高调绘的质量和效率。

7 水文地质调绘

7.1 一般规定

7.1.1 水文地质调绘也称水文地质填图，是以地面调查为主，对地下水和与其相关的各种现象进行现场观察、描述、测量、编录和制图的一项综合性水文地质工作。水文地质调绘是水文地质勘察工作的基础与先行工作，是认识和掌握测区地层、地质构造、地貌、水文地质条件等重要调查研究方法。

7.1.2 《公路工程地质勘察规范》（JTG C20）规定水文地质调绘的比例尺为 1∶50 000～1∶10 000，调绘范围应根据水文地质评价的需要确定。

7.1.3 在开展水文地质调绘工作前，充分收集和研究工作区既有的各种地质资料是了解区域地质情况，初步确定工作的重点、难点，制订工作计划，是做好水文地质调绘的基础。

7.2 岩溶调查

7.2.1 调查地层与地质构造的分布、类型、特点及对岩溶地貌和含水介质的控制和影响，查明碳酸盐岩的分布规律和特点及对岩溶发育和地下水的影响，查明碳酸盐岩层组类型、岩溶含水层组类型及其水平和垂直分布特征，查明控制地下水河、岩溶泉及蓄水构造形成的地貌、地质条件。各种岩溶地貌类型可见表 7.1。充分研究区内已有地质构造资料，掌握本区及邻近地区构造特征及对岩溶发育和岩溶水形成、分布的影响。裂隙调查统计应包括点的位置和所处的构造部位，裂隙的分布、宽度、产状、延伸情况及填充物的成分和性质，裂隙面的形态特征、风化情况及各组裂隙的发育程度、切割关系、力学性质情况，并注意裂隙的透水性。

表 7.1 岩溶地貌类型

类型	含义及其形成条件	特征
溶痕	地表水沿可溶岩裂隙渗流溶蚀所形成的微小沟道	宽仅数厘米至十余厘米,长几厘米至数米,常见于石灰岩或石芽的表面
溶隙	地表水沿可溶岩裂隙渗流溶蚀所形成的沟隙	宽几厘米至数米,长几米至几十米
溶沟溶槽	地表水沿可溶岩的裂隙进行溶蚀和机械侵蚀所形成的小型沟槽	深数厘米至数米,甚至更大
石芽	溶沟、溶槽间残留的"脊"和笋状的突起	石芽和溶沟、溶槽共生,其高度一般不超过 3 m
落水洞	岩体中的裂隙受水流溶蚀、机械侵蚀以及塌陷而形成的由地表通往地下暗河或溶洞的通道	呈垂直、陡倾斜或弯折状,宽度一般很少超过 10 m,深可达百米至数百米,按形态可分为圆形、井状、裂隙状
溶洞	地下水对可溶岩进行溶蚀和机械侵蚀形成的呈水平状通道	大小与形状多种多样,大部分洞身曲折,支洞多,在地下水水位以上,无经常流水,常见有不同高程重叠分布的大型复杂溶洞
暗河	地下水水位以下的溶洞	洞中水流汇集成河,有时与干谷相伴存在
漏斗	岩溶地区呈漏斗形或碟状的封闭洼地,由溶蚀作用或溶洞洞顶塌陷而成	上大下小,底部常有落水洞或竖井
干谷	河水经河谷底部的漏斗和落水洞等流入地下,使原来的河段失去排水作用,形成干涸的河谷	当暴雨季节或地下水排泄不畅时,才有暂时性的水流
溶蚀洼地	岩溶作用形成的小型封闭洼地,一般认为由相邻漏斗逐渐加宽、合并而成	大多呈狭长形,一般长度大于宽度的 1~5 倍,深度小于 30 m,长度可达千米,底部较平坦,有时有小湖泊
岩溶盆地(波立谷)	是大致呈椭圆形的大型封闭洼地,在一定的构造条件下经长期溶蚀侵蚀作用形成,如溶蚀洼地扩大合并,溶洞、暗河崩塌,地表干谷的扩大加深等	延长方向常与构造线一致,长达几千米,面积可达数平方千米至数百平方千米,四周斜坡陡峭,谷底平坦,堆积物较厚,常有落水洞、峰林和暗河
岩溶湖	岩溶地区的溶蚀洼地或溶洞底部积水而成的地面或地下的湖泊,由漏斗和落水洞淤塞、积水而成,或由直接与地下水含水层有水力联系的低洼地区积水而成	一般规模较小,当溶蚀洼地底部为隔水岩层,堆积较厚的残坡积物或湖盆底低于潜水面时,水流汇集成地面的岩溶湖,溶洞中的大型积水洼地为地下的岩溶湖,亦称地下湖
峰林	耸立在岩溶平原上的孤立石峰,是在地壳相对稳定的条件下,岩溶地貌发育到后期的产物	山坡陡峭,坡度一般在 45°以上,相对高度可达 100 m~200 m,多分布于平原上
石灰华	岩溶泉水至出口处,因环境变化,溶于水的钙质分离沉积而成	常呈多孔状
石钟乳	含碳酸钙的水从洞顶板下滴时,钙质沉淀形成自上而下的长条形沉积物	挂于洞顶
石笋、石柱	由含碳酸钙的水滴到洞底,钙质沉积而成	发育于溶洞底部的竹笋状突起的称为石笋,当石钟乳与石笋连接在一起时称为石柱
残余堆积物	由不被水溶解的残余物组成的堆积物	如 Fe_2O_3、Al_2O_3
其他堆积物	洞穴坍塌的石灰岩碎块、水流搬运物及人类、动植物化石等	

注:据《公路工程地质勘察规范》(JTG C20)附录 G。

7.2.2 各种岩溶形态应按照《岩溶地质术语》(GB 12329)的定义进行命名；应注意同类岩溶形态的分布特征（如线状分布、网格状分布、层状分布等）及各种岩溶形态的组合分布情况，选择小面积典型地段对岩溶形态进行测量，予以调查统计，并表示在图上，便于分析岩溶发育的强度与岩溶地下水的径流量。岩溶形态组合包括地表宏观岩溶形态、微观岩溶形态、岩溶堆积物，地下洞穴形态和岩溶堆积物形态在内的区域组合应进行区域岩溶形态组合的综合调查分析，确定岩溶地貌的发育环境，分析不同地貌单元的水文地质特征。

7.2.3 岩溶洞穴调绘除绘制洞穴平面图外，还应附相应的纵断面图与典型地段横断面图。对洞穴竖井、天坑和有潜水的洞穴，应组织专业探险队伍，利用专门的洞穴探险设备进行探测，查明洞穴系统的连通性和形态特征，确定洞穴的水流方向。洞穴调查的安全作业要求：除配备先进的探洞专门设备外，还应在洞穴探测前学习和熟练掌握单绳技术(singce rope technique,SRT)，购买相关的安全保险，应3人以上为一组开展探洞活动，对落水洞和竖井、天坑进行探险时，洞外应有人把守，对洞穴照明、空气污染、洪水和落石等情况要有充分的防备。

7.3 岩溶水系统调查

7.3.1 各种岩溶水点应按照《岩溶地质术语》(GB 12329)的定义进行命名。调查岩溶流域的边界、结构，进行岩溶地下水系统的划分，特别应注意可溶岩与非可溶岩的三维空间分布格局，注意岩溶水系统中有无外来源水的补给。调查地下水和地表水的水力联系，地下河及岩溶泉的水位、流量等的动态变化及其影响因素，表层岩溶水和岩溶泉的分布规律，蓄水构造的富水地段等。

7.4 岩溶环境问题调查

7.4.1 岩溶环境问题主要有地面塌陷、水污染、泉水疏干等。

8 水文地质物探

8.1 一般规定

8.1.1 岩溶隧道各类物探工作方法的适用性及优缺点见表8.1。

表8.1 岩溶隧道各类物探工作方法的适用性及优缺点

方法			适用范围	优点	缺点
地面物探	电磁法类	音频大地电磁法	深埋深隧道	施工效率高，勘探深度大，分辨率中等，低敏感性	抗电磁干扰较差
		可控源音频大地电磁法	深埋深隧道	勘探深度大，分辨率中等，低敏感性，抗干扰能力强	施工效率相对较低，场源选址需满足设备理论及地下地质情况，施工成本相对较高
		广域电磁法	深埋深隧道	勘探深度大，分辨率中等，低敏感性，抗干扰能力强	施工效率相对较低，施工成本相对较高
		大线圈瞬变电磁法	深埋深隧道	寻找填充型溶洞或裂隙发育区等低阻体较灵敏，地形影响小	受线圈布置影响，施工效率较低

续表 8.1

	方法		适用范围	优点	缺点
地面物探	电磁法类	核磁共振找水	浅埋隧道	对岩溶水探测较敏感	探测深度有限,大于100 m深度探测效果不明显,受第四系覆盖层含水量影响较大
		小线圈瞬变电磁法	浅埋隧道	施工效率高,对寻找填充型溶洞或裂隙发育区等低阻体较灵敏,地形影响小,分辨率较高	探测深度较浅
	电法类	高密度电法	浅埋隧道	自动化程度高,可降低人为误差,效率高,分辨率高,抗干扰能力强	受地形影响较大,探测深度相对较浅,受表层高阻、低阻屏蔽和地下工业游散电流影响
		电测深法、激电法、中梯剖面等直流电法类	浅埋深隧道	分辨率较高,抗干扰能力相对强	受地形影响较大,数据量大,容易产生人为误差,效率低,受高阻屏蔽和地下工业游散电流影响
	地震方法类	地震反射法	浅—深埋隧道	分辨率较高,抗干扰能力相对强	炸药施工管控较为严格,人工锤击仅适用于浅埋地面坡度较缓情况
		锤击面波法	浅埋隧道	施工效率高,分辨率较高	能量传播距离有限
		地质雷达法	浅埋隧道	施工效率高,分辨率较高	探测深度有限
		微动勘探法	浅埋隧道	分辨率较高,抗干扰能力强	线性排列用于隧道探测需满足条件;圆形台阵效果相对较好,但对场地要求较高,施工效率极低
孔内物探		弹性波CT	浅埋隧道	分辨率较高,抗干扰能力强,施工效率高	需在钻孔内布置PE管,且管内需充水,成本较高
		电磁波CT	浅埋隧道	分辨率较高,抗干扰能力强,施工效率高	需在钻孔内布置PE管,孔壁周围受金属物体影响较大,成本较高
		管波探测	浅埋深隧道	分辨率较高,抗干扰能力强,施工效率高	探测仅限钻孔周边1 m~2 m范围,成本较高
		孔中电视	浅—深埋隧道	分辨率较高,成果直观	成本较高,需反复洗孔至孔内水体较清
		孔内激光	浅—深埋隧道	分辨率较高,成果直观	成本较高,孔内无掉块

8.2 物探外业工作

8.2.2～8.2.4 探测浅部岩溶的地面物探方法主要有电法、地质雷达法、地震勘探法等。地面物探方法选择应符合下列要求：
- a) 对于较大规模的岩溶发育带、大规模溶洞及填充、褶皱破碎带和断裂构造破碎带这类异常，通常以岩石不完整或破碎为特征，当地下岩体潮湿或充水时，往往表现为低阻，当地下岩体干燥时，空溶洞往往表现为高阻，此类异常特别适用电法及电磁法勘探，主要有电测深法、高密度电法、瞬变电磁法、音频大地电磁法和可控源音频大地电磁法，其他方法可选地震类方法。
- b) 当基岩裸露时，可选用地质雷达法、瞬变电磁法、地震反射波法；当覆盖层较薄时，可选用地质雷达法、电测深法、瞬变电磁法、高密度电法、地震折射法、地震反射法、锤击面波法；当地表覆盖层较厚时，可选用可控源音频大地电磁法、音频大地电磁法、广域电磁法。
- c) 对于较大规模的断裂构造，两盘岩石为不同地层单元，通常有较大电性差异，亦适用电法勘探；两盘岩石为同一地层单元时，适用地震法和地质雷达法等，地震法可选用地震反射法。

各类地面物探方法有下列特点：
- a) 电磁法类。勘探深度能达到 1 000 m～2 000 m，并能提供 0 m～2 000 m 深度内的连续地电断面，采用高频段大地电磁测深法勘探深部岩溶，在复杂地形条件下岩溶隧道的工程地质勘探上能取得显著的效果。
- b) 瞬变电磁法。
  - ⅰ) 抗干扰能力问题。瞬变电磁法可以探查浅表岩溶，其干扰主要是天然电磁场的噪声和人文噪声。目前已开发了"8"字形回线，它由两个子线框组成，根据电磁感应定律，外界电磁场在两个子线圈中磁通量的改变，形成的感应电流的方向正好相反，对外界干扰产生的感应信号相互抵消，而对于由线圈发射信号所产生的地下感应电磁场，在两个接收子框中形成的感应电流方向一致，使有用信号得到加强，从而解决了抗干扰能力差的问题。
  - ⅱ) 暂态效应问题。暂态过程影响的深度一般为线框的边长，反映出 300 m 以上没有有效数据。
- c) 地震反射法。
  - ⅰ) 大型空腔的异常形态特征。单点反射地震记录地震波形态特征反应与溶洞的几何形状极其相似。
  - ⅱ) 隧底串珠状岩溶异常形态特征。单点反射地震记录中波形特征较之两侧呈明显异常变化，表现形式为首波及面波同相轴均向下凹陷，波长变长。
- d) 地质雷达法。探测深度较浅，隧道工程一般仅用于场地平坦且被探测目标体埋深较浅的特定情况。

8.2.5～8.2.6 探测孔间岩溶的物探方法有孔间层析成像（CT）、管波探测、孔内电视和孔内激光扫描等，应充分利用钻孔，采用孔内或孔间探测等方法，以提高岩溶探测的精度。
- a) 对于较大规模的带状异常，如果需要精确确定带状异常的位置、延伸情况，可采用层析成像探测。对于较小规模的带状异常，小规模溶洞及填充属细部勘察，也可采用层析成像探测。
- b) 探测溶洞是充水还是填充疏松沉积物时，可采用井地间电激法与其他物探方法相互配合。
- c) 管波探测法是在钻孔中利用管波作为探测物理场，探测孔旁一定范围内的溶洞、溶蚀裂隙、软弱夹层等不良地质体的最新孔中物探的一种方法，即利用一个勘察钻孔，通过发射管波，采集记录并分析管波反射信号，就可探明整个孔位范围内的岩溶、软弱夹层及裂隙带的发育和分布情况。

d) CT类方法的应用条件和效果。受钻孔数量、钻孔间距的制约，数据采集工作量巨大。

9 水文地质钻探

9.1 一般规定

9.1.1 公路隧道岩溶水文地质钻探在水文地质调绘和物探的成果资料基础上进行分析，通过钻孔进一步探明隧道岩溶及其他含水层岩性、厚度、埋藏深度和地下水水位，采取岩样、土样和水样，确定含水层的水质及测定岩土水理性质，进行水文地质试验，确定岩溶含水层的富水性及水文地质参数，钻孔可以兼作地下水长期监测孔。

9.1.2 要在充分分析水文地质条件的基础上，按照隧道勘探任务和岩溶地下水评价方法的需要布置钻孔。岩溶隧道水文地质钻孔应布置在地质调绘指定岩溶发育带、物探异常的岩溶储水构造、隧道可溶岩与非可溶岩接触易溶带部位和物探确定的异常部位、地段。岩溶隧道水文地质钻孔一般与工程地质钻孔相结合，一孔多用，且一般应布置成勘探线的形式，以便于绘制隧道水文地质断面，确定含水层的空间分布及水位、水质和富水性的变化规律。

9.1.4 钻孔开钻前应做好技术交底和安全交底工作，具体内容：进入现场施工人员必须经过安全三级教育；进入现场必须遵守安全生产有关规定，认真执行安全操作规程；操作人员应持证上岗，严禁酒后作业；现场施工人员须佩戴安全帽，强风、雨天不准进行施工工作；夜间施工，必须布置良好的照明设备等。

9.1.5 有些特殊隧道存在沿线地形高差大、地形陡峻、隧道长且埋深大、交通条件极差、竖向深孔勘探无法实施等难题，以及现有水平孔勘探钻机适应性差和定向勘探技术不能满足隧道勘察对全孔地质岩芯取芯技术要求等方面的不足，将非开挖管道建设的水平定向钻进技术应用于隧道地质勘察的新钻探方法，沿隧道洞身轴线钻进，并在孔内开展取芯、水压致裂、岩溶破碎带、涌水量监测、综合测井和孔内电视等相关测试，更加精确地对隧道围岩信息及岩体应力分布特征进行探测，解决了陡倾岩层竖向钻探技术的缺点。

9.1.6 平整钻孔机台场地会对山坡进行开挖，清理树木、灌木。钻孔完工后，应按要求对破坏场地进行回填恢复，损坏树木可以进行复种，废弃浆液应进行填埋处理或外运至当地环保部门指定场所处理。

9.2 钻探要求

9.2.1 隧道岩溶水文地质钻孔直径、岩土芯（样）采取率、孔深与孔斜、水文监测、成井工艺、水文地质试验、封孔、原始记录与技术档案等质量要求在《水文水井地质钻探规程》（DZ/T 0148）中已有明确规定，可以遵照执行。

9.2.2 隧道洞身岩溶基岩一般为灰岩、白云岩等较硬质岩，钻探一般采用金刚石钻进，正常岩层采用清水钻进。线岩溶率为遇岩溶洞隙长度/钻孔穿过可溶岩的长度×100%。为准确判断岩溶状态，划分岩溶强度等级，岩溶区钻孔需要统计全孔、某层位或某个深度内的线岩溶率；岩溶溶蚀带及串珠状岩溶带溶蚀裂隙中多填充软塑—流塑状填充物，易随冲洗液流失，取芯较困难，岩芯采取率不宜小于30%，才可以直观判断溶蚀程度。钻孔岩溶水位突变层位或溶洞位置及终孔后应进行孔深校正。钻进中进行水文地质监测是关键，通过钻探过程中的监测及时发现问题并指导钻探施工，钻进过程中要随时监测冲洗液的消耗量及颜色、稠度和水温的变化，并记录其变化的位置。当钻孔中揭露新的含水层时，孔内的水位会发生变化，因此在钻进过程中要随时测量孔中的水位。孔口涌水表明承压水头高于地面,应立即停钻,记录钻进深度,测定稳定水位和涌水量,测量水温、监测气温。钻进过程中对孔内发生的能帮助分析判断水文地质条件的各种现象都应进行监测和记录。这些现象包括进尺突然变快、响声异常、钻具陷落、涌砂、孔壁坍塌等,当出现这些现象时要分析其产生的原因并记录其位置及起止深度。孔内按要求取水样。

9.2.3 钻孔获取资料完成后按规定要求回填封孔,封孔按《工程勘察钻探封孔技术规程》(DB42/T 1710)规定执行。封孔前应洗孔,覆盖层采用"以土还土、以砂还砂"的原则回填,可溶基岩段采用导管法水泥浆或砂浆封填,溶洞段可采用封孔栓塞后再按程序进行封孔,承压含水层段可采用岩溶含水层顶板段封孔栓塞后再按程序进行封孔,需保留的钻孔应设置防护装置。

9.3 钻探编录

9.3.1 公路隧道岩溶水文地质钻探应按一定要求采取岩样、土样、水样,提供字迹清晰的钻探编录以及钻孔综合地质柱状图等成果,提交的编录必须真实、准确、可靠,除描述岩芯岩性的结构构造外,应重点描述岩芯的块度、坚硬程度、风化程度、裂隙发育程度、岩石的风化程度和裂隙发育的密度、裂隙面的宽度等。对岩芯采取率、钻进速度和钻进情况(如掉钻、卡钻、埋钻、孔壁坍塌、涌砂、气体逸出等)及变层、换径的位置也要做详细的监测和记录。对钻进过程中掉钻、卡钻、埋钻、坍塌掉块、换径变层、返水颜色的突变及涌砂、气体逸出等现象,均应记录其起止深度。钻进过程中应及时进行孔深和孔斜的校正,发现问题及时修正。

9.3.3 隧道深孔的岩芯要保留至隧道建成,一般隧道钻孔按规定保留缩样或标本,并拍照或录像留存。

10 水文地质试验

10.2 示踪试验

10.2.1 示踪试验作为研究岩溶水的一种重要手段,能够探明岩溶水的流场类型、结构,计算岩溶水管道流的流速、流量,串联水池个数与溶积等流场参数。通过示踪试验可确定暗河补给水源、地下水的响应及洪峰达到与消散时间、地下水流速、地下岩溶含水介质的类型(管道、裂隙、暗河)等,为隧道岩溶水文地质评价奠定基础。

10.2.2 地下水示踪剂的选择原则包括:完全溶于水或易溶于水;在水中保持稳定、无化学变化,不沉淀、不分解、不挥发,不被水中悬浮物吸附;无毒性,无残留危害;有成熟灵敏的测定方法,易于获得,价格便宜;测试场区地下水中最好不存在该物质,若存在,应考虑本底浓度的影响。推荐使用的示踪剂有食用盐(NaCl)、荧光素钠(Uranine)、罗丹明B(Rhodamine B)和荧光增白剂(Tinopal)。

10.2.3 示踪试验投放点应选择布设在与隧道相关的岩溶含水系统内的暗河入口、大型岩溶洼地落水洞、岩溶水补给和径流区的钻孔处。投放点必须位于隧道的上游,投放点处的透水性必须良好,投放点处应有长期的稳定水流。如果没有合适的水流作为示踪剂投放点,可将示踪剂冲洗进入溶蚀裂隙、漏洞和岩溶竖井等地。示踪剂的投放量需根据仪器的监测灵敏度、示踪区段水量大小及示踪距离等信息确定,预期浓度和示踪剂投放量可根据以下公式估算:

$$M_T = 1.9 \times 10^{-5} (L_T \times Q \times C)^{0.95} \quad \quad (10.1)$$

式中:

M_T——示踪剂投放量(g);

L_T——示踪距离(km);

Q——流量(L/s);
C——预期示踪剂峰值浓度(μg/L)。

示踪剂应尽量保证瞬时投放,即将示踪剂完全溶解后,在最短的时间内投入水中。

10.2.4 示踪剂的接收点应选择布设在与隧道相关的岩溶含水系统内的地下河出口、岩溶大泉、岩溶水排泄区及揭露充水岩溶管道的钻孔处。示踪浓度的监测方法可分为取样测量和现场就地测量,在实际应用中推荐采用现场就地测量。使用食用盐(NaCl)作为示踪剂时,一般采用电导率仪测量电导率值,使用荧光素钠(Uranine)、罗丹明 B(Rhodamine B)和荧光增白剂(Tinopal)等荧光染料时,一般使用示踪荧光测定仪测量接收点示踪剂浓度。

10.2.8 示踪试验接收点的示踪剂浓度监测数据可用于绘制浓度-时间曲线,曲线形态多可分为单峰曲线和双峰曲线等(图 10.1)。一般认为单峰曲线表示投放点与接收点间为单一通道;双峰曲线表示投放点与接收点之间有两条通道,常见的是高峰在前、低峰在后,说明主流的峰值浓度在前,为高峰,支流的峰值浓度在后,遭主流稀释,为低峰。在单峰曲线中,示踪距离与浓度异常初现时间之比为地下水最大流速,示踪距离与浓度峰值出现时间之比为地下水平均流速;双峰曲线中,示踪距离与高峰峰值出现时间之比为地下水主流通道的平均流速,示踪距离与低峰峰值出现时间之比为地下水支流的平均流速。

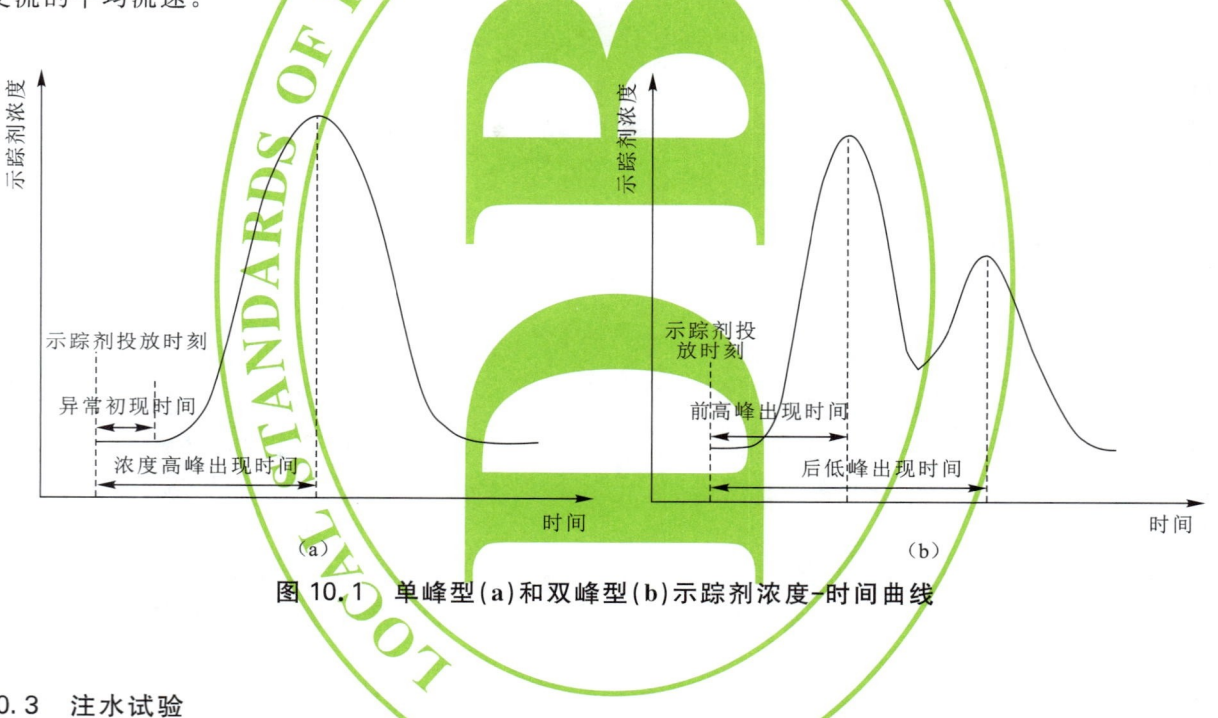

图 10.1 单峰型(a)和双峰型(b)示踪剂浓度-时间曲线

10.3 注水试验

10.3.1 当钻孔地下水水位埋深过大,即钻孔处于岩溶包气带内,难以开展抽水试验时,可开展注水试验替代抽水试验。注水试验的原理与抽水试验相似,以注水代替抽水,通过钻孔向试段注水,保持固定水头高度,测量岩层的注入水量或测量钻孔水头高度随时间的变化率,以确定岩层的渗透系数。

10.3.2 注水试验可分为钻孔常水头注水试验和钻孔降水头注水试验。钻孔常水头注水试验通过注水使钻孔中地下水水位保持固定,定时记录注水时间和注水量;钻孔降水头注水试验通过向钻孔内注水使地下水水位抬升至一定高度,然后停止注水,定时记录钻孔水位随时间的变化情况。

10.3.3 常水头注水试验采用《铁路工程水文地质勘察规范》(TB 10049)的规定,注水量稳定标准为直到最后两个小时平均流量之差不大于10%,视为流量稳定。水头稳定标准为水头的允许波动幅度为±1 cm。

10.3.4 降水头注水试验采用《注水试验规程》(YS/T 5214)中的规定。当试段位于地下水水位以上,在岩溶包气带内进行钻孔降水头注水试验时,试验设备、方法与饱和带内钻孔降水头注水试验相同。

10.3.5 注水试验的成果整理在《注水试验规程》(YS/T 5214)中已有明确规定,可以遵照执行。

10.4 抽水试验

10.4.2 抽水试验可分为稳定流抽水试验和非稳定流抽水试验。稳定流抽水试验在抽水过程中要求流量和水位降深(或动水位)同时相对稳定,使用稳定井流公式进行分析计算;非稳定流抽水试验在抽水过程中,只要求水位和流量其中一个稳定,监测另一个参数随时间的变化,使用非稳定井流理论进行分析计算。自然界地下水大多为非稳定流,因此非稳定抽水试验有更广泛的适用性,能测定更多的水文地质参数,并能充分利用整个抽水过程提供的全部信息,推荐采用定流量(变降深)非稳定流抽水试验。

10.4.3 在进行定流量(变降深)非稳定抽水试验时,应确保抽水孔出水量保持常量,《水文地质调查规范(1∶50 000)》(DZ/T 0282)和《水文地质手册》中规定抽水出水量在抽水过程中波动值不超过正常流量的3%,当涌水量很小时,可适当放宽,当涌水量波动超过5%时,应即时调整。

10.4.4 非稳定流抽水试验的延续时间主要应满足于绘制计算水文地质参数所需的各种曲线,特别是 s(或 Δh^2)- $\lg t$ 关系曲线。由于岩溶含水层水文特性差异性强,因此并无特定的抽水试验延续时间要求,应在非稳定流抽水试验中监测实时动水位,并绘制出 s(或 Δh^2)- $\lg t$ 关系曲线,根据曲线特征决定延续时间。

10.5 压水试验

10.5.1 压水试验与抽水试验的原理相同,只是二者的试验水流方向相反。压水试验多用于隧道等道路工程的水文地质勘察中,隧道勘察多为深钻孔,由于基岩透水性相对较弱、地下水埋藏较深或无地下水以及钻孔孔径小等因素,抽水试验困难或无抽水试验条件,且附近有地表水作水源时,可利用压水试验方法获取岩层的水文地质参数。

10.5.3 透水性较强的岩层和特殊孔段主要指构造破碎带、裂隙密集带、岩层接触带、岩溶强发育带等。试验段的长度指栓塞底部至孔底的实际长度。残留岩芯不大于0.2 m时,可计入试段长度。试验段的重复只允许一次,此时试验段的总长度不得超过10 m。同一工程中试段长度宜一致,以便于试验成果的分析对比。

10.5.4 本文件根据《铁路工程水文地质勘察规范》(TB 10049)中的规定,采用3个压水试验压力阶段,即初始压力阶段、保持压力阶段与增压阶段。式(5)中的压力损失 P_s 值由三部分组成,计算公式如下:

$$P_s = P_{s1} + P_{s2} + P_{s3} \quad\quad\quad (10.2)$$

$$P_{s1} = \lambda \cdot \frac{l}{d} \cdot \frac{v^2}{2g} \quad\quad\quad (10.3)$$

$$P_{s2} = k \cdot \frac{(v_1 - v_2)^2}{2g} \quad\quad\quad (10.4)$$

$$P_{s3} = \beta \cdot \frac{l}{d} \cdot \frac{v^2}{2g} \quad\quad\quad (10.5)$$

式中：

P_{s1}——管路沿程压力损失（MPa）；

P_{s2}——管径由小到大的局部压力损失（MPa）；

P_{s3}——管径由大到小的局部压力损失（MPa）；

l——管长（m）；

d——管径（m）；

v——水在管中的流速（m/s）；

g——重力加速度（9.8 m/s²）；

λ——粗糙系数（MPa/m）；

v_1——水在小管径（d_1）中的流速（m/s）；

v_2——水在大管径（d_2）中的流速（m/s）；

k——损失系数（MPa/m），$k=1.0$ MPa/m；

β——管径由大到小的局部阻力系数（MPa/m），按说明表10.1确定。

表10.1 局部阻力系数

d_1/d_2	0.1	0.2	0.4	0.6	0.8
β	0.5	0.42	0.33	0.25	0.15

注：据《铁路工程水文地质勘察规范》（TB 10049）。

10.5.5 《铁路工程水文地质勘察规范》（TB 10049）以最终流量作为计算流量，压水试验流量稳定的判断标准可参考下列标准之一：

a) 当流量大于5 L/min时，连续4次读数，其最大值与最小值之差小于最终值的10%；

b) 当流量小于5 L/min时，连续4次读数，其最大值与最小值之差小于最终值的20%；

c) 连续读数4次，流量均小于0.5 L/min。

10.6 微水试验

10.6.1 对于低渗透含水层分布区，难以按规范要求做降深的抽水试验时，可选择微水试验。微水试验是一种简便且相对快速获取水文地质参数的野外试验方法，其实质是通过瞬时向钻孔注入一定水量（或其他方式）引起水位突然变化，监测钻孔水位随时间恢复的规律，与标准曲线拟合确定钻孔附近含水层水文地质参数。微水试验的缺陷在于单个钻孔所获取的参数仅仅反映试验孔附近小范围含水层的渗透性能，但是当试验区范围内有较多钻孔或试验区范围较小时，仍不失为一种较为理想的试验方法。

11 地下水动态监测

11.1 一般规定

11.1.1 通常情况下，岩溶水的补给来源主要为大气降水，岩溶地下水的排泄有分散流和集中排泄等多种形式，由于新建隧道附近一般缺乏必要的地下水动态监测资料，为了掌握工作区岩溶水的动态特征和岩溶介质场的构成特点，分析岩溶水对隧道工程的影响，对于隧道经过的大型水源地、地下水污染区、生态脆弱区、岩溶塌陷区等需要重点监测的地区，应设置地下水动态监测点。监测点应合理布设，平面上点、线、面结合，垂向上层次分明，分层监测。

11.1.2 地下水动态监测项目包括水位、水量、水温和水质等，监测方式主要分为人工、自动和调查3种。水质监测项目应符合《地下水监测工程技术标准》（GB/T 51040）中的规定。

11.1.3 大气降水主要受季节影响，地下水的水位、水量、水质等随着季节变化而不同，如果仅根据某一阶段所测的数据评价岩溶地下水则会出现较大的偏差，因此地下水动态监测时间一般不得少于1个水文年，监测数据应至少包含一个枯水期、平水期和丰水期的水位、水量、水温和水质等。监测时间步长的确定可综合考虑当地气候水文条件、地形地质条件、岩溶发育程度、地下水污染程度、地下水动态变化情况、生态环境敏感程度等。

11.2 地下水动态监测方法

人工监测的每次测量结果应当场核查，发现异常应及时补测。人工监测应准确、完整、据实填写原始监测记录表，表格式样应符合《地下水监测工程技术标准》（GB/T 51040）中的规定。人工监测采用的布卷尺、钢卷尺、测绳、导线等测量工具的精度应符合国家计量检定标准允许的误差规定，并应每半年校测1次。

自动化监测仪器或其他测量设备应每年校测1次，校测方法和精度要求应符合国家相关计量管理规定。

11.3 地下水动态监测频率

实行自动监测的监测点，每日0时、4时、8时、12时、16时、20时应有信息记录，以当日8时记录的信息代表当日监测信息；实行每日监测1次的监测点，信息监测时间应为每日8时；实行每5日监测1次的监测点，信息监测时间应为每月1日、6日、11日、16日、21日、26日8时。遇特殊情况（连续降雨或暴雨天气）可适当加密监测频次，如调整为每小时监测1次。出现地下水疏干、地下水出露和其他非正常情况影响地下水动态监测时，应在监测原始记录表备注栏中注明，并现场调查分析。水质监测频次应满足每年枯水期、平水期、丰水期至少各1次；安装水质自动监测仪器的监测点，应每天监测1次，监测时间为每日8时；专用监测点应按设置目的与要求确定。

11.4 资料整理

资料整理前应先对基本资料进行考证，审核原始监测资料，再编制成果图表，编写资料整理说明，最后进行整理成果的审查验收、存档。

逐日监测资料，每月缺测不应超过2次，且缺测前后均有不少于连续3个监测数据可插补；5 d监测资料，每月缺测不应超过1次，且缺测前后均有不少于连续3个监测数据可插补。插补可采用相关法、趋势法或内插法。插补的数值可参与数值统计。自动监测点应采用每日8时的监测数据作为该日监测值。出现地下水疏干、地下水出露和其他非正常情况影响地下水动态监测时，可疑数值在插补时均应按缺测对待。监测资料数值统计应包括日统计（连续降雨或暴雨天气）、月统计和年统计，统计项目应包括最大值、最小值、平均值、动态变幅。逐日监测资料，月内缺测不超过10次的，可进行月不完全统计；超过10次的，不进行月统计。5 d监测资料，月内缺测2次的，可进行月不完全统计；超过2次的，不进行月统计。年内月不完全统计不超过2个或仅有1个不进行月统计的，可进行年不完全统计。

根据基本资料考证、原始监测资料审核合格的监测资料，应分别编制各类地下水监测成果表。

12 水文地质参数计算

12.1 一般规定

12.1.1 基于不同的水文地质概念模型,如渗透系数 K 的计算公式很多,实际工程中应根据场地的水文地质条件合理选择。

12.2 渗透系数

12.2.1 渗透系数 K 主要通过钻孔水文地质试验获取。

12.2.3 利用配线法计算渗透系数公式中的 $W(u)$ 为井函数,是一个收敛级数,可查井函数表求得。

12.2.4 应根据抽水孔或监测孔中的稳定最大下降值的 1/2 确定曲线拐点处的水位下降值和拐点位置,再通过拐点作切线,计算拐点处的斜率 m_i。应根据 $e^{r/B} \cdot K_0^{r/B} = 2.3(s_i/m_i)$,从函数表中查出相应的 r/B,然后确定越流参数 B。

12.2.5 在计算渗透系数时,有监测孔资料的,应符合 $r^2 u_e/4KMt_K$(或 $r^2 u_d/4K\bar{h}t_K < 0.01$)的要求。如恢复水位曲线直线段的延长线不通过原点时,应分析其原因,必要时应进行修正。

12.2.9 利用钻孔常水头注水试验资料计算渗透系数时,参考行业标准《水利水电工程注水试验规程》(SL 345)中给出的公式。当试验段位于地下水水位以上时,渗流并不服从达西定律,如果按照达西定律确定的公式进行计算,求得的渗透系数将存在一定的误差。对于这种情况,《水利水电工程注水试验规程》(SL 345)推荐使用纳斯别尔格公式计算渗透系数,条件是试验段高出地下水水位较多,介质较为均匀,且 $50 \leqslant H/r < 200$。孔中水柱高度 $\Delta H \leqslant L$ 时,公式中的系数是在原有系数的基础上,将流量单位由 L/min 换算成 cm^3/s 得来的。

12.3 给水度和释水系数

12.3.2 当无单孔抽水试验资料以及野外或室内试验资料时,可利用下列经验式近似求得潜水含水层给水度:

$$u_d = 0.1\sqrt{K} \quad\quad\quad\quad\quad\quad (12.1)$$

实践表明,潜水含水层给水度 u_d 与含水层渗透系数 K 具有相关关系,早在 20 世纪 60 年代,苏联水文地质学家宾杰曼根据实践资料,得出如上潜水含水层给水度与渗透系数的关系。《铁路工程水文地质勘察规范》(TB 10049)中给出了 5 个工程实例对比,表明使用该经验公式计算的给水度误差小于 10%。此精度满足道路水文地质勘察的要求,因此在实践中可考虑采用此经验公式以减少勘察费用和缩短勘察周期。

13 岩溶水文地质评价

13.1 一般规定

13.1.1 公路隧道岩溶水文地质评价主要从隧道工程角度出发,分析隧道与岩溶水系统的关系,计算潜在涌水量,预测隧道潜在的突水、涌水风险。

13.2 隧道涌水量计算

13.2.1 公路隧道岩溶水文地质评价最主要的内容是分析和评价隧道与岩溶水系统的空间关系,包括平面关系和垂向关系。平面关系主要指隧道上游岩溶水系统的汇水面积,隧道穿越的富水、阻水构造以及隧道与岩溶管道的平面投影关系等;垂向关系主要指隧道所处的岩溶水系统垂向分带。在厚层可溶岩分布区,在不同的岩溶发育和岩溶水系统演化时期,特别是在早期,依据岩溶水的运动特征可以在垂向上大体上分为垂向渗流带、季节变动带和饱水带3个带(图13.1)。

    a) 垂向渗流带位于地表以下、丰水期的潜水面以上。此带平时水较少,仅下雨时大量的水才从地表渗漏到岩溶地块中,所以又称包气带。水流主要沿着岩层中的垂直裂隙和管道向下渗透。如果在向下运动过程中,遇到局部的近似水平的阻水岩层或水平孔洞,也会局部作水平流动,在岩体中形成含水透镜体,在谷坡上可以形成悬挂泉。大部分的入渗水一直渗漏至潜水面。垂直渗流带的厚度取决于潜水面的高低,而潜水面的高低又受控于主干河流河床的位置。在被大河深切的岩溶高原中,垂直入渗带的厚度很大,在河谷宽大、潜水面埋藏不深的岩溶平原中,其厚度就较小。

    b) 由于潜水面随季节升降,因此存在一个水位变动带,称为季节变动带。在该带中,雨季潜水面上升,地下水以水平运动为主;旱季潜水面下降,地下水以垂直向下运动为主。也就是说,当潜水面升高时,此带并入饱水带;当潜水面下降时,此带并入垂向渗流带,因此出现了水平流动与垂直渗透的周期性交替。在不同的岩溶地区和同一岩溶地区的不同年份,季节变动带的厚度变化不定,降水的季节分配越不均匀,其厚度就越大。同时,可溶岩地块的岩溶化程度越强,该带的厚度也就越小。

    c) 饱水带的上限是枯水期的潜水面,下界位于河床下某一定深度,因水动力条件而异。饱水带常年处于饱水状态,岩溶水以近似水平运动为主。在接近主河谷的地方,径流量增大。可溶岩中多数溶洞都是在饱水带形成的。饱水带又可细分为水平径流带与深部缓流带。

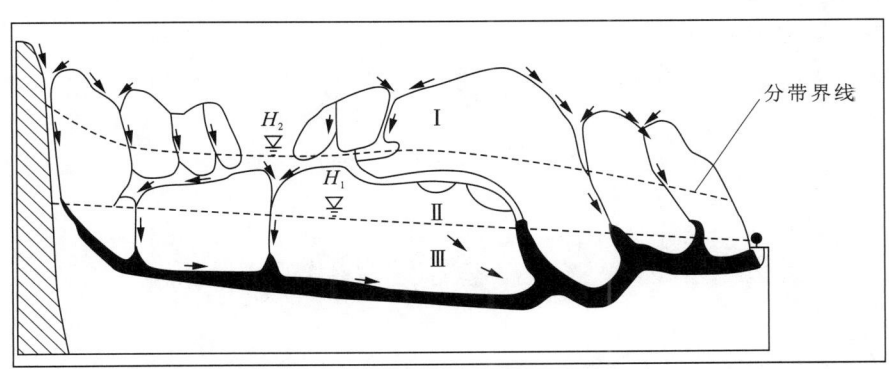

Ⅰ.垂向渗流带;Ⅱ.季节变动带;Ⅲ.饱水带;H_1、H_2.枯、丰水期水位。

图 13.1 岩溶水系统垂直分带

13.2.3 应结合水文地质条件、岩溶水系统特征及其与隧道的空间关系,合理选用与水文地质条件和资料掌握程度相匹配的隧道涌水量计算方法进行综合评价。

13.2.4 隧道涌水量计算方法主要包括水均衡法、地下水动力学法、水文地质比拟法、集总式水文模型法、相关分析法、数值模拟法等,不同勘察阶段可选用适用的计算方法。

    a) 工可水文地质勘察阶段路线方案尚未确定,采用的水文地质勘察手段以资料收集和水文地质调查与测绘为主,能够初步查明隧址区的地形地貌、地层岩性、地质构造、水文地质条件、岩溶的类型、分布及发育规律并初步查明隧道影响范围水文地质分区及富水程度。该阶段基本无钻探工作,难以获得足够的水文地质参数,因此该阶段应以水均衡法为主宏观地计算突水、涌水量。若拟建隧道附近存在已建成隧道,两者水文地质条件相似且具有隧道涌水量或排水量监测资料时,可采用水文地质比拟法计算拟建隧道涌水量,并与水均衡法计算结果进行对比分析。

b) 初步水文地质勘察阶段路线方案基本确定,采用的勘察方法中一般只有少量钻探工作。而对于隧道工程,钻探更是以布置在两端洞口为主,难以取得利用地下水动力学法计算整个隧道涌水量的水文地质参数。本阶段隧道涌水量计算与工可水文地质勘察阶段类似,采用水均衡法和水文地质比拟法。与工可水文地质勘察阶段不同的是,在初步水文地质勘察阶段应该利用和挖掘长期的水文监测、短期的暴雨监测资料中蕴涵的地下水系统的信息,以提高对地下水系统结构的认识,更准确地确定水均衡方程中的各均衡项及均衡要素,从而提高涌水量预测的精度。

c) 详细水文地质勘察阶段路线线位已定,气象、水文监测和大量的物探、钻探工作全面展开,隧道工程中洞身部位一般也布置了钻孔,为运用地下水动力学法和集总式水文模型法计算隧道涌水量创造了前提条件。本阶段需对隧址区水文地质条件进行详细分析,判断隧址区岩溶发育程度以及隧道洞身与管道的关系,判断是否适用地下水动力学法和集总式水文模型法。在使用地下水动力学法和集总式水文模型法计算出突水、涌水量后与水均衡法计算结果进行对比,分析计算结果的可靠性。

d) 在施工设计阶段,除了可使用详细水文地质勘察阶段的方法计算突水、涌水量外,还能根据隧道掘进历史和当前的水文地质资料,利用相关分析法预测未来突水、涌水量,还可以根据掌子面综合超前物探、水平钻孔等超前探测岩溶情况、涌水量、水压等变化,评估涌水量估算模型的适用性并及时修正涌水量。

13.2.5 根据隧道围岩地层岩性、含水介质类型、岩溶发育程度以及隧道与含水系统平面和垂向关系分段评价隧道水文地质条件,预测可能发生突水和涌水点、段的位置,并分析突水、涌水类型。突水、涌水分为裂隙型、断层型、溶洞溶腔型与暗河型4种基本类型(表13.1)。

表 13.1 岩溶隧道突水、涌水类型

突水、涌水类型	突水、涌水特征	示意图	
		隧道掌子面前方	隧道轮廓线外
裂隙型	裂隙岩体具有较高的透水性和富水性,宽大型裂隙常是引发突水、涌水的灾害源		
断层型	断层岩体具有一定蓄水空间,也可作为水或者其他物质的运输通道		

续表 13.1

突水、涌水类型	突水、涌水特征	示意图	
		隧道掌子面前方	隧道轮廓线外
溶洞溶腔型	溶洞溶腔常分布在气候温湿、碳酸盐岩连续分布且厚度较大的岩溶发育地区，溶洞溶腔具有蓄水性，可和其他地下暗河等相互连通提供补给		
暗河型	地下河具有多分支子系统、多级排泄、明暗交替、多层结构的特点，呈现出由注入型洞穴（管道）系统向溯源型地下河系统发育演化的特征，一旦揭穿地下河管道，隧道会袭夺地下河水，存在突水、突泥风险		

13.3 隧道水压力计算

13.3.1 为确保隧道结构的安全，作用于隧道的水压荷载应按不利情况考虑，即应按暴雨时可能形成的最大水头为基础计算水压荷载。

13.3.2 从隧道结构受力的角度看，岩溶水压力荷载采用径向均布荷载相较于单侧偏压荷载是有利于隧道结构的，要注重查明岩溶水的分布形式。当确定岩溶水以管道形式集中在一侧形成水头时，应考虑采用三角形、梯形等水平分布荷载对隧道结构的偏压作用。

13.3.3 当暴雨工况下可能形成的隧道最大作用水头不容易确定，无法进行岩溶水压力荷载定量分析时，可结合渗流场数值分析或当地类似隧道工程经验综合确定，特别要注重当地水文地质历史资料及成功工程案例资料的搜集、分析与利用。

13.4 岩溶危险性评价

13.4.2 工程地质比拟法、成因历史分析法属于定性评估方法，层次分析法、数字统计法、模糊综合评价法属于半定量方法。由于半定量方法存在模型建立和计算过程复杂、影响因素过多等问题，建议开展岩溶危险性评价应在正确定性评估的基础上，采用半定量方法进行复核评估。

13.6 安全岩盘厚度的计算

13.6.3 安全岩盘厚度极限剪切强度算法主要考虑了水压和岩体抗剪切能力的影响，且与水压成正比，与岩体抗剪强度成反比，因而该公式计算得到的安全岩盘厚度对水压和岩体强度的敏感性高，要得到较准确的预测结果必须准确地确定溶腔水压和岩体强度。该方法得到的岩盘厚度平均值与实际较接近，且适用于岩盘厚度较厚（大于 3 m 但小于 10 m）的工况。

14 专项公路隧道岩溶水文地质勘察报告编制

14.1 一般规定

14.1.1 专项公路隧道岩溶水文地质勘察报告的编制要求与岩溶水文地质条件复杂程度密切相关。

14.2 文字报告要求

14.2.1 本条规定了专项公路隧道岩溶水文地质勘察报告文中说明的主要内容,内容应根据存在的岩溶水文地质问题拟定,同时还要注意以下问题:
   a) 当场地及周边存在污染时,应调查和分析污染源的类型、渗流方向、渗流量、可能的工程危害等,预测并评价其可能的扩散范围。
   b) 地质条件可能造成的工程风险及环境保护方面,岩溶隧道需防止发生涌水、突水、突泥灾害风险,必须进行防涌水、突水专项设计,编制专项施工技术方案,并经审批后实施。
   c) 通常采用常规地质法＋综合超前物探＋水平钻孔超前探测(正洞 5 孔/断面,平导 3 孔/断面)进行超前地质预报,设置贯通平导,并在必要时采用超前周边注浆或局部注浆加固围岩、封堵地下水,确保安全并降低该处次生风险,平导还可兼作隧道施工及运营期间的排水通道,加强超前钻孔水压、水量监测。施工中必须检查溶洞顶板,及时处理危石,当溶洞较大、较高时,应进行安全施工防护,防范洞身、洞顶塌方风险,及时清除工作面洞身松动的岩石,确保作业区无塌方、落石等危险源存在。
   d) 岩溶区的大多数地区缺少应有的地下水保护带,天然防渗过滤层很薄,地下水极易受到污染,因此岩溶水环境的保护应贯彻"以防为主,防治结合,综合处治"的方针,加强隧道污水处理。但为了不影响附近利用地下水和地表水单位的正常生产和生活,防排水施工的同时首先要注意不应全部排走隧道原有地下水或者地表水。地下水的下降会改变当地的自然环境,甚至出现房屋等建筑物的不均匀沉降和地面开裂的现象,因此在隧道开挖过程中尽量采用注浆堵水,以减少地下水的流失,减轻地下水流失对洞顶生态环境的影响。
   e) 岩溶及富水地段,采取快速掘进、限量排放、及时封堵等综合措施,尽量减少对水环境的破坏。在隧道洞口附近,根据地形建造小型水库,存贮大量涌水,避免涌水漫流污染地表水。
   f) 岩溶山区水生态环境脆弱,生态环境对地下水的依赖作用十分显著,隧道开挖过程中,大量的岩溶涌水使得地下水水位不断下降,破坏生态环境,对地下水的生态价值产生了一系列负效应,导致水资源问题,同时也产生环境灾害问题。如导致周围地表水、地下水疏干,造成有水力联系的泉水流量变小、井水水位下降或水量减小、水库等地表水源水位降低、地下水水质恶化、土地盐碱化等,严重情况还将造成地面沉降、塌陷、水土流失、影响植被生长。
   g) 压性断裂破碎带两侧或一侧透水性较强的地段,不整合接触带,古矿井、古坑道地段,古河床松散层地段,地表水系汇合地段,山间河谷、盆地、洼地地段,岩溶发育地段等,与地表水体或邻近含水层有水力联系时,尤其易发生涌水。因此,选线时应尽量绕避上述地段。若路线确实无法绕避上述涌水易发地段,则应在建设前和建设过程中采取适宜的应对措施,以减缓对地下水环境的影响,如加强施工期渗水、涌水监控,选择适宜的防排水方案。
   h) 应对隧道影响区域的居民区、易塌陷区、水源点进行有效监测,及时采取有效的处治措施。
   i) 隧道施工废水是一种碱性高悬浮物污染废水。若不加以处治就任意排放势必对周围地表水体造成严重威胁。该废水应根据实际情况因地制宜地选择处理方法,处理后回用于施工或达标排放。

14.3 图件、附表及附件要求

14.3.1 综合水文地质平面图主要包括水岩组、隔水岩组、地质构造、水文地质单元及各要素、综合水文地质柱状图等内容，应根据需要编制综合水文地质实际材料图、岩溶水水文地质试验（注水、压水、抽水试验等）综合成果图。

14.3.2 公路隧道岩溶水文地质勘察附表、附件、插表和附照内容广泛，应根据项目需求提供，并符合下列要求：

a) 水文地质试验成果表。包括注水试验、压水试验和抽水试验，要求列出孔号、段号、试段深度、试段长、钻孔直径、套管底深、水头升高、单位涌水量、渗透系数和试验方法。

b) 工程附件。包括技术委托书、与工程有关的会议纪要及专家意见书、工程联系单等。

c) 试验成果附件。包括原状土（扰动土）室内土工试验报告、岩石（块）试验报告、岩矿鉴定报告和水质分析报告等。

d) 专项附件。包括溶洞及暗河探险报告、物探测井报告、专项水文地质物探报告、专项水文地质调查报告，根据需要还可有地应力测试报告、示踪试验报告等。

e) 附照。挑选一些能反映项目特点的重要工程照片、工作照片、水文点和灾害图件插入报告中或附于报告后，使所述报告更加完整、准确、真实和精美。